Die Seniorenmädels sind wieder auf Tour.....

Marianne und Inge, beide im besten Rentenalter, machen jedes Jahr interessante Fahrten mit ihrem Reisemobil.

Das ist die Verwirklichung des Traums, der Realität wurde; viel besser kann ich sagen, der jedes Jahr neu realisiert wird.

Dieses Jahr wird es eine ganz besondere Reise, die viel behördliche Vorbereitung erfordert, denn außer den drei baltischen Ländern **Litauen, Lettland und Estland**, wollen wir auch **St. Petersburg** erkunden.

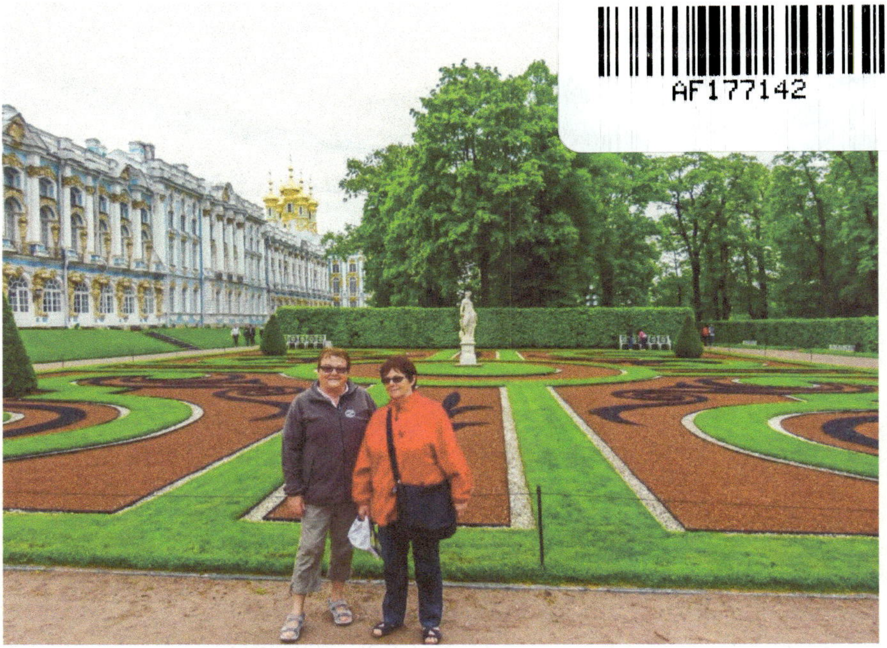

Marianne und Inge am Katharinenpalast in St. Petersburg

Unsere Casima:

Bürstner Nexxo 25, Jubiläumsmodell

fast 7,50m lang, neuer Fiat Motor, fährt sich klasse! Mit seinen 3,5 Tonnen zul. Gesamtgewicht ist er ideal, um überall hinzukommen, wo man gern hin möchte. Dazu ist er komfortabel, und unser Gepäck für die ca. <80 Tage Reisen> nimmt er gern mit. Unsere Kleider hängen wir an die Kleiderstange in der Heckgarage, die allerdings von uns selbst angeschraubt wurde. Mädels auf Tour eben, da braucht es etwas mehr Kleiderschrank. Auch sonst ist unser Gefährt ein gutes Ladymobil.

Marianne Müller

Träume werden wahr

Band 2

Seniorenmädels auf Tour mit dem Reisemobil

Von der Dreisam bis zur Newa

Freiburg i.Br. , Litauen, Lettland, Estland, St. Petersburg

Umschlag, Illustration: Marianne Müller
Lektorat, Korrektorat: Inge Weber
Weitere Mitwirkende: Fotos: Marianne Müller,
Fotobearbeitung: Christiane Bierlein
Verlag: tredition GmbH, Hamburg

ISBN
Paperback ISBN 978-3-7323-2819-2
Hardcover ISBN 978-3-7323-2820-8
E-Book ISBN 978-3-7323-2851-5

Printed in Germany

Prolog:

<Wenn jemand eine Reise tut, so kann er was verzählen>

so beginnt das Gedicht „Urians Reise um die Welt" von Matthias Claudius, das er im Jahr 1786 schrieb.

Wahrlich, kann ich da nur sagen, denn die Vorbereitungen zu dieser Reise sind doch wesentlich intensiver, als wir es sonst gewöhnt sind.

Erstens sind Litauen, Lettland und Estland Länder, die uns nicht - noch nicht - vertraut sind, und zweitens soll es noch eine Überraschung für Inge geben: Der lange gehegte Wunsch, St. Petersburg kennenzulernen, soll in diesem Jahr erfüllt werden. Bis zu Inges Geburtstag im März geht also die Planung für St. Petersburg als „geheime Mission" durch Familie.

Schon am 1. Januar wird die Fähre bei DFDS Seaways gebucht. Von Saßnitz auf der Insel Rügen geht die schwimmende Reise nach Klaipėda, das früher einmal Memel hieß. Schon jetzt ist uns klar, dass wir auf sehr geschichtsträchtigen Pfaden fahren und wandern werden. Der Führerschein - wie habe ich doch meinen alten, grauen „Lappen" geliebt - muss umgeschrieben werden. Sicher ist es besser, schon im Vorfeld eventuelles Konfliktpotential zu vermeiden. Dann brauche ich Passbilder. Wie erkläre ich jetzt Inge, dass ich ein Passbild von ihr brauche? Sie soll doch noch nichts wissen von St. Petersburg. Falls sich also die Möglichkeit ergeben würde, in Estland ein Visum für Russland zu bekommen……; zum Glück weiß sie nicht, dass das unmöglich ist. Statt mich selbst auf Spekulationen zu verlassen, besorge ich über das <www.visumcenter.de> unsere Einreisedokumente, aber auch unsere Ausreiseunterlagen für Russland. Das lief super und problemlos.

Dann kam die Planung der Fahrt von Tallinn nach St. Petersburg, denn das Reisemobil sollte in Tallinn einige Tage auf uns warten.

Von unseren Besichtigungswünschen in St.. Petersburg hatte ich auch ziemlich genaue Vorstellungen. Deshalb war die Agentur <www.petersburg-hautnah.com> genau richtig für uns. Mit dem Chef Sergej Marchukov tauschte ich so manches Email aus, um den Plan perfekt zu machen. Jetzt noch ein Hotel in St. Petersburg buchen, möglichst zentral. Geschafft, damit ist der Geburtstagsreiseplan für Inge abgeschlossen.

Für uns beide kommen nun die ganz normalen Vorbereitungen der Reise. Die Fähre ist gebucht, das heißt das Datum für die Hinreise ist fix, und zurück fahren wir dann sowieso über Polen.

Fünf Länder, fünf Sprachführer, Wohnmobil packen, Kleidung von richtig kalt bis schönste Sonne, und die richtigen Schuhe, nicht viele, aber die, die uns durch die weiten Lande tragen werden.

Und jetzt sind alle Leser herzlich eingeladen, unsere Spuren zu begleiten, unsere Erlebnisse zu teilen, mit uns zu frieren, mit uns zu schwitzen und besonders, Neues mit uns zu erleben und zu er-fahren:

Es ist April 2013, und es geht los:

Casima wartet auf die Abfahrt

Casa – das Haus – von **I**-nge und **Ma**-rianne

Träume werden wahr

Seniorenmädels auf Tour mit dem Reisemobil

Von der Dreisam (Freiburg) bis zur Newa (St. Petersburg)

Baltikum – St. Petersburg - Polen

13. April

Nachdem wir nun wirklich auch noch die allerletzten Dinge ins Wohnmobil gepackt haben, geht es endlich los. Der Kühlschrank zu Hause ist leer, dafür ist unser großer Kühlschrank im Reisemobil reichlich gefüllt. Um 10.30 Uhr surrt der Motor in Vorfreude auf die kommenden Wochen. Wir sehen die Dreisam, das ist der Fluss, der in Freiburg die „Bächle" speist und meist friedlich vor sich hin plätschert. Ich frage mich, wie unsere Eindrücke dann an der Newa, dem großen Fluss in St. Petersburg sein werden, dem Ziel, von dem Inge noch keine Ahnung hat. Unser heutiges Ziel ist Jena. Hier wollen wir die erste Zwischenstation machen, um Freunde zu treffen.

14.April

Wir sind gestern Abend nach gemütlicher Fahrt gut in Jena angekommen.

Der Campingplatz, den wir ausgesucht hatten, hatte leider keine funktionierende Dusche. Auch sonst sah das alles nicht gepflegt aus. Das war Grund genug für uns, nach einer Alternative am Raben See zu suchen. Wir sind nach Porstendorf, etwa 10 km außerhalb Jenas, gefahren. Der Campingplatz ist klein, aber es ist recht nett hier. Es gibt viele Miethäuschen, die sicher im Sommer ausgebucht sind, denn der Porstendorfer See scheint ein beliebtes Ziel zu sein. Die Casima steht ganz stabil auf Gittersteinen, und wir haben geschlafen „wie die Katzen". Die letzten Tage waren doch recht anstrengend, und jetzt beginnen wir gut ausgeruht den Tag. Im Laufe des Vormittags werden uns unsere Freunde abholen, denn wir möchten gemeinsam einen schönen Tag in Jena verbringen. Morgen fahren wir dann weiter Richtung Berlin.

Die Tage jetzt sind eigentlich Anreisetage, die richtige Tour geht erst auf Rügen los. Wir versuchen immer, ohne Hektik die Etappenziele zu erreichen, und gleichzeitig schöne Erlebnisse einzuplanen.

15.April

Von Jena aus sind wir nach Naumburg gefahren. Danach haben wir in Braunsbreda Domizil bezogen. Jena war sehr schön und interessant. Es war richtig toll, die Freunde wieder einmal zu treffen, aber heute sind wir irgendwie müde. Plötzlich zeigt das Thermometer 25 Grad im Schatten. Der Alltag ist schon weit entfernt und wir wollten den Naumburger Dom anschauen. Offensichtich will man den Dom durch satte Eintrittsgelder vergolden. Das sind wir von unserem wunderschönen Freiburger Münster her nicht gewöhnt; vielleicht erstaunt es uns deshalb so. Die Eintrittskarte kostet aktuell 6,50 €, und zusätzlich sollen wir noch 2 € fürs private Fotografieren hinlegen, macht zu zweit glatte 15,00 €. Es wird noch viele Kirchen geben, die wir auf dieser Reise gern anschauen möchten, aber 15,00 €, das entspricht nicht den finanziellen Möglichkeiten der Menschen, die hier leben. So verzichten wir darauf, den Dom von Innen anzuschauen. Wir bummeln durch das Städtchen und verziehen uns in unser fahrbares Heim.

Wir haben heute nur eine ganz kurze Strecke gefahren, und wir werden sicher früh ins Bett gehen. Morgen geht es weiter, voraussichtlich Richtung Potsdam.

16.April

Heute haben wir die Fahrtstrecke bis kurz vor Berlin eingeplant. Von hier aus können wir mit der S-Bahn und mit der Fähre nach Berlin fahren. Wir sind auf dem Campingplatz am Mahlower See, der wirklich durch besondere Sauberkeit auffällt. Bis hin zum Dyson Händetrockner gibt es alles. Die Plätze sind groß, Wasser, Strom, Abwasser - alles ist direkt am Platz. Wir fühlen uns sehr wohl.

Die Fahrt war bis jetzt an allen Tagen richtig erholsam, und heute haben wir mal wieder einen Sonderpreis für Diesel gefunden, 1,35 €, wann war das zuletzt?!

17.April

Der Weg vom Campingplatz zur S-Bahn ist deutlich weiter als die Informationsschriften mitteilen, aber wir finden nette

Leute auf dem Campingplatz, die uns per Auto mitnehmen zum Bahnhof. Von hier aus rattern wir in die Innenstadt. Die Sonne lacht mit uns und auf uns, und wir lassen die Seele bei einem Aperitif im Straßencafé baumeln. Wir genießen das Großstadtflair, schauen den Menschen zu und laufen die vertrauten Straßen im Regierungsgelände ab. Einen Besuch in der Kuppel des ehemaligen Reichstags ist uns auch heute nicht gegönnt. Wir haben uns nicht vorher angemeldet, und da geht nichts. Die Menschen stehen Schlange, um durch die Sperren zu kommen. Wir verschieben das auf den nächsten Besuch, denn für uns steht fest, dass Berlin immer mal wieder auf dem Programm steht, ob als Kurzreise per Flugzeug, oder ob unsere Casima hier wieder Station macht.

Hier in Berlin treffen wir richtig nette Menschen, haben tolle Erlebnisse, und dann treffen wir unerwartet auf „altes DDR Verhalten". So zum Beispiel im Karstadt: Wir wollten einen Kaffee trinken und hatten einen Gutschein Bon für 1,30 Euro, für die zweite Tasse Kaffee. Ich holte also zwei Kaffee, die ich dann voll bezahlen musste, weil man zur Einlösung des Gutscheins erst einen Kaffee kaufen muss. Dann geht man durch die Kasse, bezahlt, und danach geht es zurück zur Kaffeemaschine, um dann den 2. Kaffee „rauszulassen". Erst danach kann der Gutschein eingelöst werden. Kommentar der Dame an der Kasse, im direkten Befehlston: <So sind die Vorschriften>. Mir kommt es vor wie ein Stasibefehl, aber wahrscheinlich weiß ich zu wenig darüber. Dagegen hat uns unser russischer Sergej, der unsere Führungen in St. Petersburg machen wird, wieder sehr erfreut. Er schrieb eine Mail, ob er uns am Bus in St. Petersburg abholen solle. Dann könne er auf dem Weg ins Hotel schon eine kleine Tour durch die

Stadt machen. Klasse, wir haben zugesagt und uns aufrichtig gefreut und bedankt.

Berlin ist derzeit vom Alexanderplatz bis fast zum Brandenburger Tor eine einzige Großbaustelle. Die U-Bahn wird erweitert, und das ist ein riesiges Projekt. Dann ist die britische Botschaft heute <besondere Schutzzone>. Grund dafür ist die Beisetzung von M. Thatcher. Sehr intensiv bewacht wird auch die amerikanische Botschaft: Es gab Anschläge in Boston. Dazu gab es noch einen wichtigen Gast, zumindest was die Begleitung durch die "weißen Mäuse" angeht. Ich weiß nicht einmal, ob man die heute noch so nennt. Jedenfalls 15 Polizisten in weißer Dienstkleidung, die pfeilförmig vor einer Staatskarosse herfahren. Leider konnte ich in der Eile die Flagge nicht zuordnen.

Berlin hat uns wieder in seinen Bann gezogen. Jedes Mal, wenn wir dort sind, entdecken wir für uns Unbekanntes, aber wir erfreuen uns auch an den Dingen, die wir wieder sehen, und die uns inzwischen vertraut sind. Diesmal haben wir nur einen Tag eingeplant, unsere Vorfreude aufs Baltikum steigt von Tag zu Tag. Doch was erwartet uns wirklich???? Um das zu erfahren und zu erleben sind wir unterwegs; wir sind auf dem Weg, der ja bekanntlich auch ein Ziel ist.

18.April

Nachdem wir gestern so richtig aktiv durch die Stadt, durch unsere Hauptstadt Berlin, gelaufen sind, ist heute erst einmal Sanierungstag. So nennen wir immer einen frei gewählten Tag, an dem wir eine Waschmaschine in Bewegung setzen, unsere Casima pflegen und einfach das tun, was uns gerade in den Sinn kommt. Morgen wollen wir sowieso weiterfahren, und so nach ca. einer Woche ist eine Waschmaschine meist sinnvoll. Der Wind bläst, die Sonne scheint, so haben wir am Abend wieder alle Handtücher und die andere Wäsche aufgeräumt im Schrank.

19.April

Das Wetter macht gut mit. Wir fahren gegen elf Uhr ab und haben uns entschlossen, den Berliner Ring zu nehmen, denn es ist Freitag, und damit sicherlich keine Freude, quer durch Berlin zu fahren. Eine gute Entscheidung! Ohne Verzögerung geht die Tour Richtung Oranienburg, denn schließlich wollen wir ja weiter nach Norden. Die Landstraßen führen uns durch hübsche Dörfer und Städtchen. Wir kaufen noch Esswaren ein, und halten in der Ortsmitte von Rheinsberg. Hier wurde lange Jahre Carmol hergestellt. Die <guten alten Carmoltropfen>, die uns heute noch auf jeder Tour begleiten. Sie sind immer dann zur Hand, wenn das Essen sich unsanft im Bauch bewegt. Heute ist die Pharmaindustrie von hier längst abgewandert. Töpfereien und Glasbläser prägen das Bild. Ein tolles Geschäft bietet alle nur denkbaren Artikel dieser Künste an. In aller Ruhe schauen wir die Glaskunst an, und dann, ja es ist wahr, kaufen wir das erste Weihnachtsgeschenk für 2013. Nach einem Cappuccino erkunden wir weiter mit der „Casima" die Gegend. Kleine Straßen führen uns mitten durch die Seenlandschaft. Hier, wo die großen Erholungseinrichtungen der DDR waren, ist heute Naherholungsgebiet für die Berliner. Dazu ist es auch Urlaubsgebiet, und besonders Wassersportgebiet für Menschen aller Gegenden und Nationen. Wir finden einen Campingplatz in Groß Quassow, den Camping- und Ferienpark Havelberge, der mit fünf Sternen glänzt. Zum Glück ist noch Vorsaison, und so kommt auch unsere „ACSI Karte“, die in der Vor- und Nachsaison oft Vergünstigungen in der Preisgestaltung bringt, zum Einsatz. Wir sind direkt am See, ein gutes Restaurant und ein Campingpatz mit mehreren ökologischen Gütesiegeln sollen unser Glücksgefühl beeindrucken. Mal sehen, was uns erwartet. Ob die ganze öko*logische* Struktur auch *logisch* sinnvoll ist, das wird sich zeigen.

20. April

Da sind wir, in Groß Quassow, direkt am Woblitzsee. Der Woblitzsee, der Name bedeutet <großer Teich> gehört zur Mecklenburgischen Seenplatte. Zum Baden ist es zu früh, aber die Sonne lacht, während es - wie wir erfahren haben - zu Hause ziemlich regnet. Es ist nicht viel los hier, die Plätze sind herrlich angelegt, alles im wirklich angenehmen Komfortbereich. Heute Nacht, so gegen zwei Uhr, habe ich wohl versehentlich unseren Panikschalter betätigt. Ich kann mich nicht daran erinnern, wahrscheinlich habe ich nur die Auflage der Konsole zwischen unseren Betten verschoben, das hat dann unseren „Elefanten Jumbo“ auf den Plan gerufen, und wie es mal so ist, hat der dann ein richtig lautes Trörööööööh mit unserem Signalhorn der Alarmanlage über den Campingplatz gejagt. Zum Glück ist Inge gleich so wach geworden, dass sie blitzschnell, und mit der ihr eigenen Reaktionsgeschwindigkeit den Jumbo zur nächtlichen Ruhe zwang, bzw. unsere Alarmanlage abstellte! Wir konnten weiter schlafen, und bis jetzt hat sich auch noch niemand beschwert.

Die Sonne lacht am Morgen durchs Dachfenster, das macht Lust zum Aufstehen. Logisch, dass wir unser Ökokärtchen zum Duschen haben. Eine Karte, ähnlich einer Geldkarte, die mit Guthaben aufgeladen ist. Damit kann man bezahlen, egal, ob Dusche, Waschmaschine, Trockner oder eigenes Mietbad. Das ist ein Badezimmer vom Feinsten, mit allem, was das Herz begehrt. Wir entscheiden uns für zwei Duschen, aber die Dame an der Rezeption hat uns nur eine Karte gegeben. Es wird uns klar, dass wir jetzt nur die Möglichkeit haben, nacheinander zu duschen. <Halten sie die Karte vor das Lesegerät>, ok, machen wir, <drücken sie den Knopf>, ja welchen denn? Wo ist der Knopf??? Hmmmm? Es ist fast filmreif. Die Karte vor das Lesegerät, linker Arm ausgestreckt, und dann entdecken wir über der Duscharmatur einen Sensor. Also umarme ich die Mauer; mit der linken Hand ziele das Kärtchen mit ausgestrecktem Arm vor das Lesegerät. Der rechte Arm streckt sich, um dann mit dem ausgestreckten Zeigefinger der rechten Hand den Sensor zu betätigen. Loriot hätte eine Zeichnung daraus gemacht, aber wir verzichten auf das „Selfie"!

Sofort spritzt fröhlich Wasser aus dem Duschkopf und die erste Sekunde des Duschens ist bezahlt, besser, ist vom Kärtchen abgebucht. Irgendetwas scheint nicht zu stimmen. Ziemlich amüsiert schauen wir zu zweit die ganze Technik noch einmal an. Es muss doch eine andere Lösung geben?? Was bleibt, ist aber auf jeden Fall, dass wir nur eine Karte haben. Zur Rezeption gehen, um eine zweite Karte zu holen, das ist keine gute Idee. Das würde bedeuten, zurück zur Casima, ohne Duschen anziehen, ca. zehn Minuten laufen, die zweite Karte holen, und dann alles nochmal von Beginn an. Beginn wäre, zehn Minuten zurück laufen, Kleider ausziehen, duschfein machen usw. usw.

Dann kommt ein technischer Geistesblitz, vielleicht müsste es ja heißen, stecken sie die Karte vor das Lesegerät. Nee, eigentlich nicht, dann hätte die Frau an der Rezeption uns sicher zwei Karten gegeben. Davon hat sie aber überhaupt nicht geredet, die Karte wurde ja auch mit Geld aufgeladen, das anschließend abgerechnet wird. Jetzt hilft nur der Versuch! Es wird endlich logisch: Die Karte muss vor das Lesegerät in einen Millimeterschlitz gesteckt werden, und dann ist es ökologisch und ökonomisch, dass im Sekundentakt das Wasser durch den Duschkopf und das Geld von der Karte rauscht. Aber bitte, wieviel Sekunden duscht ein normaler Mensch? Vielleicht sind wir ja auch gar nicht normal? Normaler Mensch heißt doch, ein Mensch, der in die Norm passt. In welche Norm denn bitte?? Egal, es waren noch 3,73 € auf der Karte, als ich mein Duscherlebnis beendete. Das Wasser rauscht sowieso nur von hoch oben auf den Körper. Der Installateur muss ein ziemlicher Riese gewesen sein. Ich verbinde Duschen gleich mit der Morgengymnastik, um den edlen Körper vom Schaum der Ökologie zu befreien. Duschmittel wird hier sogar zur Verfügung gestellt. Jetzt ist Inge dran, während ich, was nicht oft der Fall ist, sogar meine Haare föhne. Da Strom ja bekanntlich aus der Steckdose kommt, ist an jedem Waschbecken ein Föhn, und den kann man ohne "Kärtchen" benutzen, das Wasser an den Waschbecken auch, aber das ist ja gar nichts gegen das Duscherlebnis von 27 Sekunden!!!!! Zu Hause liege ich mindestens 20 Minuten in der Badewanne. So kommt man eben zu neuer Größe. Auch Inge lacht über den Tanz unter den Wassertropfen. Vielleicht sollten wir uns doch lieber waschen, statt die tollen Duschen zu benutzen; es wäre sicher mehr Wasser verbraucht. Jetzt gehen wir den Tag an, wir schnüren das Ränzlein, um das andere

Ränzlein zum Schmelzen zu bringen: Wohlauf in Gottes schöne Welt.....

Wir laufen um den See, lassen uns den Wind um die Nase wehen, und wir planen unsere Weiterfahrt quer durchs Land, denn morgen wollen wir Rügen erreichen. Am 22. erwartet uns dort die Fähre nach Klaipėda, der Stadt in Litauen, die eng mit „Ännchen von Tharau“ verbunden ist.

22. April

Gestern Abend sind wir auf Rügen angekommen. Ein kleiner Campingplatz, der Campingplatz Lobbe, fand unsere Zustimmungen. Die bekannten, großen Touristenplätze sind größtenteils noch geschlossen. Wir haben noch einen Spaziergang auf der Insel gemacht, etwas gegessen, und uns dann in unser <Wohnzimmer auf Rädern> zurückgezogen.

Heute wollen wir erst einmal ausfindig machen, wo unsere Fähre startet, ob wir eventuell schon einchecken können, und was wir noch Interessantes finden. Kurz <nach der Wende> hat uns der Weg schon einmal nach Rügen geführt, aber das ist jetzt kein Vergleich mehr. Unser Besuch im Fährhafen von Saßnitz gleicht einer Besichtigung. So groß hatten wir uns das Ganze nicht vorgestellt. Unser Schiff liegt schon im Hafen, wir können sogar einchecken und dürfen dann auch nochmal das Hafengelände verlassen. Wenn wir Glück haben, bekommen wir sogar ein Kabinenupgrade. Abwarten!

Jetzt wollen wir noch etwas von der Insel Rügen sehen. Wir fahren weiter Richtung Binz, und wir sehen kurz neben der Straße einen riesigen Gebäudekomplex. Dieser sogenannte <Koloss von Prora> ist ein Zeugnis historischen Wahnsinns. Der Komplex ist 4,5 km lang, liegt in traumhafter Strandlage, und wurde von den „Nazis“ geplant und zum Teil auch gebaut. Die „Nazis“ planten ein "Kraft durch Freude" Seebad, das 20.000 "Volksgenossen" <Urlaub mit Meerblick in Doppelzimmern> sichern sollte. Die Grundsteinlegung war am 02.Mai 1936. In nur 17 Monaten wurde der Rohbau erstellt. Der Ausbruch des 2.Weltkrieges stoppte die Bauarbeiten. Der Rohbau bestand aus acht Bettenhäusern und einem Teil der Kaianlage. Fertiggestellt wurde die ganze Anlage nie; als Seebad genutzt erst recht nicht.

Nach dem Krieg sollte das riesige Gebäude gesprengt werden, was aber nur zum Teil gelang. Seit den fünfziger Jahren nutzte die NVA (Nationale Volksarmee) der DDR dann fünf Blocks. Kasernen und Militärschulen waren hier bis zur „Wende“ untergebracht. Im Südabschnitt entstand das NVA Erholungsheim „W. Ulbricht“. 1990 - 1992 war hier die Bundeswehr Hausherr, dann gab sie das ganze Areal komplett ab. Große Gebäudeteile blieben leer, und auch heute sieht man das Ausmaß des dann einsetzenden Vandalismus. Ein großer Teil der Gebäude ist nur noch als Ruine zu sehen. Die ehemaligen NVA Gebäude sind jetzt zum Teil für Ausstellungen und Museen genutzt. Für uns geben die Eindrücke viel Stoff zum Nachdenken und Besprechen. Das ganze Thema <Hitler und Nazis> war in unserer Schulzeit ein Tabuthema, allenfalls erzählte der Erdkundelehrer von seinem „Russlandfeldzug“. Jetzt sind wir so nah dran an der Vergangenheit. Das wird in den nächsten Tagen noch mehr werden.

Wir stehen bereit, um an Bord zu fahren, denn dazu fordert uns die Uhrzeit auf. Die abendliche Sonne wirft einige Silberstreifen auf die Ostsee, „Casima“ muss noch etwas warten, bevor sie in den Schiffsbauch fahren darf, und morgen werden wir dann am Nachmittag in Klaipėda anlegen.

Jetzt fahren wir erst einmal mit Schwung auf das obere Parkdeck. Die Rampen scheppern und klappern, noch eine Kurve und dann ist der weite „Rachen des Schiffes" geöffnet, um uns den Blick in den Schiffsbauch freizugeben. Das freundliche Personal steht zum Einweisen bereit. Ein Pfiff aus der Trillerpfeife, dann heißt es WENDEN!! Auch hier scheppert es an allen Ecken, denn die Arbeiter warten schon darauf, die Räder der Fahrzeuge zusätzlich mit Ketten zu sichern. Vorher sollten wir aber noch rückwärts in die entsprechende Spur einfädeln, wieder ertönt ein Pfiff, wir haben unsern Standplatz erreicht. Das war alles klasse; hat richtig Spaß gemacht, so auf den Punkt genau zu fahren, ich strahle über das ganze Gesicht, und natürlich teilt Inge meine Freude und Begeisterung mit mir. Wir nehmen unser Übernachtungsgepäck und machen uns auf den Weg zu unserer Kabine.

Unsere Kabine hat ein „freundliches Upgrade" erfahren. Jetzt können wir eine Dreibettkabine für uns beide nutzen. Wir müssen keine Leiter hochsteigen, um ins Bett zu kommen. Ein verhältnismäßig großes Fenster, das sogar zum Öffnen ist, gibt den Blick auf die Ostsee frei. Zwei LKW Fahrer aus der Nachbarkabine helfen uns beim Öffnen des Fensters. Mit ihren großen Händen drehen sie die Verschraubungen des Fensters los. Das hätten wir nie geschafft! Jetzt gibt es frische Ostseeluft für unsere Kabine. Das Bordrestaurant wartet mit einem Buffet auf, noch ein Blick über das abendliche Meer, hier und da ist ein Positionslicht erkennbar, und dann heißt es <gute Nacht>.

23. April

Es ist 11.30 Uhr und wir sind noch an Bord. Die Nacht war ruhig, kein Seegang, die Ostsee meinte es wirklich gut mit uns. Vor wenigen Minuten haben uns Polen und Litauen gleichzeitig über unser GPS begrüßt. Draußen ist es etwas sonnig, ein paar Wolken, aber der Wind pfeift ganz kräftig. Mal sehen, ob das GPS eine Positionsnadel in die Landkarte setzt??? Hat geklappt, wir sind ja schon fast auf der Höhe Klaipėdas. Mit der litauischen Währung kennen wir uns schon aus, und auch den ersten litauischen Kaffee haben wir schon an Bord getrunken. So in ca. 2,5 Stunden werden wir das Festland erreichen.

Das Schiff ist reine Fähre. Wir sind die einzige Wohnmobilcrew an Bord. Überwiegend werden LKWs befördert, und mehr als zehn PKWs sind auch nicht dabei. Dadurch ist natürlich auch die Anzahl der Fahrgäste sehr gering. Sogar die Bars sind menschenleer, nichts los.

Jetzt ist es soweit, Land in Sicht. Wir fahren auf Klaipėda, die Stadt, die früher Memel hieß, zu. Gleich dürfen wir wieder zu unserer Casima, und dann fahren wir von Bord. Wir packen unsere <sieben Sachen> und sind gespannt und neugierig, auf das, was uns erwartet. Mit den litauischen Verkehrsvorschriften haben wir uns schon vertraut gemacht. Das ist nicht wesentlich anders als zu Hause, aber die kleinen Feinheiten, die dann doch anders sind, die sollte man natürlich kennen. Dazu gehört, dass wir hier ständig Licht einschalten müssen. Die Hafenausfahrt ist schlecht beschildert, und wir sind - wie kann das heute anders sein - das erste Fahrzeug, das das Schiff verlässt. Schon hält ein freundlicher Litauer neben uns, um uns zu sagen, dass wir hier immer

Licht einschalten müssen. Ist doch echt lieb! Wir fahren ***nicht*** in das mit riesigen Plakatwänden empfohlene Einkaufszentrum von Klaipėda, wir fahren nach Vente, um den Blick über das <Kurische Haff zur Kurischen Nehrung> zu genießen. Kleine Straßen führen durch noch kleinere Dörfer, wir bekommen einen ersten Eindruck von der Landschaft. Der Wind frischt auf und dann stürmt es so arg, dass der feine Sand durch die Luft gestaubt wird. Er legt sich auf die Windschutzscheibe, er kommt sogar durch die verschlossenen Seitenfenster ins Auto.

In Vente angekommen, wissen wir, was Wind ist. Nomen est Omen. Zum Glück hat uns der im Vorfeld angekündigte Sturm nicht schon bei der Überfahrt erreicht. Heute bläst er kräftig, und wir hoffen, dass der morgige Tag besser wird. Wir haben uns, um gerade am ersten Tag ein Ziel zu haben, einen Campingplatz ausgesucht, den <Camping VENTAINĖ> der ganzjährig geöffnet ist. Die Straßen hierher sind recht gut zu fahren, und jetzt wollen wir erst einmal ankommen. In Vente stehen wir vor dem verschlossenen Tor des Campingplatzes. Das zum Thema <ganzjährig geöffnet>! Wir sind kurz vor der russischen Grenze, wenige Meter von hier ist die Durchfahrt für Autos verboten. Wir fahren bis zu einer Wendeplatte. Was machen wir jetzt? Immerhin könnten wir hier zur Not übernachten, aber dann führen wir doch lieber ins nächste Dorf bei einem Bauern auf den Hof. Von hier aus geht nur noch ein Fußweg zur Grenze, die wahrlich „eiserner Vorhang" ist. Dafür haben wir auch kein Visum, also bleibt uns nur der Weg zurück Richtung Klaipėda.

Während wir so langsam im ersten Gang die kleine Straße zurück fahren, sehen wir, dass das Tor zum Campingplatz geöffnet ist. Wie kann das jetzt sein? Egal, wir fahren hinein, denn es wird Zeit, eine Entscheidung für die Übernachtung zu treffen. Der Chef hatte unser Auto gesehen, und dann hat er für uns das Tor geöffnet. Er spricht etwas deutsch, und er heißt uns sehr herzlich willkommen. Wir können gern ins Restaurant kommen. Er holt seine Köchin, die uns frischen Fisch auf die Teller zaubert, und wir können kaum glauben, wie man sich um uns kümmert. Ein richtig tolles, feines Abendessen für uns, als derzeit einzige Gäste! Mit der Köchin können wir englisch sprechen, und so erfahren wir, dass <Birnencidre> hier sehr oft getrunken wird. Das ist uns einen Versuch wert. Im <Sturmgebraus> geht's zurück in die Casima, die inzwischen wohlig warm auf uns wartet. Wir sichern unsern Fiat mit der Sperrstange, und dann ab ins Bett. Zeitverschiebung, Klimawechsel, schlafen im Schiff, jetzt erst mal ausschlafen und ankommen.

24. April

Die Kurische Nehrung ist eine riesige Düne, ein einzigartiges Naturschutzgebiet. Wir wollten von Vente, und zwar genau vom Campingplatz aus, mit dem Boot hinaus fahren, um dann auf der Düne zu laufen. Auch heute ist der Sturm so stark, dass daran kein Denken ist. Wir erkunden das riesige Areal des Campingplatzes, haben unsere dicksten Anoraks an, und wir stellen uns breitbeinig in den Wind. Die Gischt der Ostsee verteilt sich in ganz kleinen Wasserperlen auf unserer Haut und auf unserer Kleidung. Von hier aus in das Naturschutzgebiet zu kommen, ist derzeit unmöglich. Wir könnten es von Klaipėda aus probieren. Da wir die Stadt sowieso anschauen wollen, fahren wir dort hin. Klaipėda, diese Stadt, die bis 1920 nördlichste Stadt Deutschlands war, müssen wir sehen. Der Kaiser Wilhelm Kanal, heute heißt er

Klaipėdos Kanal, ist nur ein Beispiel für die Erinnerung an deutsche Vergangenheit.

Auf der Fähre von Rügen nach Klaipėda trafen wir einen Herrn, der mit Stolz sagte, er sei in Memel geboren. Unvorstellbar, wie groß Deutschland war. <Von der Maas bis an die Memel>, so hieß es einmal in der Nationalhymne. Um das zu verstehen, muss man eigentlich hier gewesen sein. Wir waren das einzige Wohnmobil auf der Fähre, der einzige Campinggast in Vente, und jetzt sind wir es auch auf dem Campingplatz in Klaipėda. Auch dieser Campingplatz hat ganzjährig geöffnet, wir haben einen Platz mit Strom, mit zweierlei Abwasseranschlüssen am Platz und eine ganz neue Frischwasserleitung. So können wir bedenkenlos unseren Tank auffüllen, Micropur forte Pulver, das sind Silberionen, dazu geben, und wir sind gut mit Frischwasser versorgt. Das reicht uns jetzt fast eine Woche.

25. April

Heute ist zuerst die Altstadt von Klaipėda unser Ziel. Wieder finden wir an allen Ecken Hinweise auf Supermärkte, und die gibt es in allen Größen. Der größte namens „Akropolis" hat 250 Geschäfte, aber unser Ziel sieht anders aus. Auf diesem Campingplatz werden wir auch nicht nochmal übernachten. Offenbar haben die Reinigungskräfte noch Winterpause. Wir wollen noch etwas vom Naturschutzgebiet Kurische Nehrung sehen, und so machen wir uns auf den Weg zur Touristeninformation. Nach eingehender Information macht es zurzeit kaum Sinn, dort durch den immer wieder aufstäubenden Sand zu laufen. Die Schiffe fahren auch heute noch nicht, und wann das wieder möglich ist, das bestimmt der Wettergott. Ein sehnsuchtsvoller Blick auf die andere Seite der Memel. Es soll gerade nicht sein.

Dann schauen wir die Altstadt an, besuchen "Ännchen von Tharau", sehen die riesige Baustelle des alten Memelschlosses und beginnen zu verstehen, was hier deutsche Geschichte war. Wir kommen auf unserm Weg durch die Altstadt zum Bauernmarkt. Einer Bauersfrau, kaufen wir die ersten Veilchen ab. Die zieren ab jetzt unsern Esstisch. Wir treffen zwei Leute, die sich freuen, uns aus Deutschland hieranzutreffen, denn zu dieser Jahreszeit sind Touristen fast Exoten. Bis zur wirklichen Ferienzeit sollen viele Baustellen verschwunden sein, aber wer weiß, wie schnell das vorwärts geht. Das, was renoviert und repariert wird, ist alles auf aktuellem Stand. Fleißig sind die Litauer!

Wir fahren weiter nach Palanga, dem Edelbadeort Litauens. Die Gäste, die heute Baden-Baden bevölkern, waren hier stets zu Gast. Entsprechend finden wir neben alten - fast baufälligen Hotels der früheren Zeit - jetzt einige neuzeitliche Glasgebäude. Eine "Hallo Straße", wo Kitsch und Krempel angeboten wird, und wo viele Restaurants zu finden sind, führt direkt an die Ostsee. Parkplätze gibt es kaum. Wir beschließen, dass wir die Tourismusmeile nicht ablaufen müssen und fahren kurzer Hand weiter.

Mosedis, die Steine aus Island. Die letzte Eiszeit hat unglaublich viele riesige Steine nach Mosedis gebracht. Dazu war Island der erste Staat, der Litauen als Staat anerkannt hat. Etwa 150.000 Steine sind hier zu sehen. Der kleinste Stein wiegt weniger als ein Gramm, der größte soll fünfzig Tonnen wiegen. Die Steine sind um 1957 zusammengetragen worden, und sie sind heute über den ganzen Ort verteilt. Wir lassen uns von dieser, für uns fremden Welt beeindrucken. Steine mögen wir sowieso sehr gern, und diese Vielzahl, die Zeichnungen und Maserungen, die Gebilde, es ist fast wie in einer alten, verzauberten Welt.

Die Kirche findet - wie meistens - unsere besondere Beachtung. Rund um die Kirche gibt es Holzhäuser. Wir fragen uns nach deren Bedeutung. Vielleicht Grabstätten???? Alles scheint so geheimnisvoll, fast etwas unheimlich. Zwei Türen sind nicht fest verschlossen. Haben wir den Mut, einen Blick hinein zu werfen? Ja, wir haben ihn, und wir entdecken den Kreuzweg. Jede Station hat ein eigenes Holzhaus, darin ein mit Gardinen verzierter Altar. Überlebensgroß sind diese Darstellungen der Personen bei den einzelnen Stationsaltären. Das zeugt besonders von der tiefen Frömmigkeit der Menschen, zumal die Sowjets ja alle Kreuze und christlichen Symbole verboten und zerstört hatten.

Die riesigen Steine wurden von den Menschen als "Saat des Teufels" angesehen. Das kann man nur verstehen, wenn man über Land fährt, und die riesigen Steine auch immer wieder auf den Feldern sieht. Die Arbeit der Bauern ist dadurch sehr erschwert. Wir allerdings sind in den Bann der Zeichen der Vergangenheit gezogen. Wir werden darüber nachlesen, und genau hier ist dann auch der Segen der modernen Technik klar. Die <Freunde Google und Wikipedia> helfen weiter. Wir fahren noch einige Kilometer, dann haben wir unser Nachtquartier gefunden. Der kleine Campingplatz <Grazina> in Siauliai. Wieder niemand zu sehen, weder Gäste noch Vermieter. Einfach niemand da! Auf der ganzen Fahrt ist uns kein ausländisches Auto begegnet, erst recht kein Reisemobil. Die Vermieter hier auf dem Campingplatz sollen auch eine kleine Pension haben. Endlich finden wir doch noch jemanden, der uns mit großer Gastfreundschaft öffnet. Wir dürfen vor dem Haus stehen. In einem der Gästezimmer bekommen wir eine eigene Dusche mit WC, auch die Küche dürfen wir benutzen, Strom kein Problem, und so sind wir erst einmal versorgt. Wir schauen jetzt noch deutsche Nachrichten und genießen den Abend. Immerhin haben wir ja schon neun Uhr hier, wenn zu Hause die Tagesschau startet. Ein sehr eindrucksvoller Tag geht zu Ende.

26. April

Der Regen prasselt aufs Dach und hat uns geweckt. Fünf Grad Celsius sind nicht gerade geeignet, um Freude am Aufstehen entstehen zu lassen, und um den Unternehmungsgeist zu stärken. Wir drehen uns also nochmals in unsere Decken, und stehen etwas später als üblich auf. Noch vor dem Frühstück ist der Strom ausgefallen. Unsere Gastgeber informieren uns, dass so im Laufe des Nachmittags, so gegen 17 Uhr, der Strom wieder funktionieren soll. Die Familie bringt uns eine Thermoskanne mit richtig gutem Kaffee. Unsere Senseo Maschine braucht eben 220 Volt, die Glaskaffeekanne mit Kolben wäre gegangen, aber die Familie hier ist so riesig nett zu uns, dass jede angedeutet Improvisation gleich die Lösung vor die Tür bringt. Dazu gehört dann auch hausgemachte Marmelade, Saft, Obst und schließlich noch ein Sauerkirschenwein. Wir entscheiden, heute hier zu bleiben. Um dennoch etwas von der Gegend kennen zu lernen, machen wir uns am Nachmittag auf den Weg zum "Berg der

Kreuze". Diese Anhöhe ist einer der wichtigsten Wallfahrtsorte Litauens. Die Sowjets hatten christliche Symbolik verboten, so auch Kreuze auf den Friedhöfen. Immer wieder zerstörten sie diese Kreuze, und immer wieder stellte die Bevölkerung Kreuze auf, dann immer auf dieser Anhöhe. Inzwischen sind es mehrere zigtausend Kreuze, und jeden Tag kommen neue dazu. Trauer, aber auch Dank und Bitten finden hier symbolischen Ausdruck. Hier zeigt sich nicht nur die Bedeutung des tiefen Glaubens, sondern auch der politischen Veränderung. Johannes Paul II. besuchte 1993 diese Stätte. Das hatte sehr große Bedeutung für die Bevölkerung. Auch wir sind tief beeindruckt und emotional sehr bewegt. Ein Brautpaar mit der Hochzeitsgesellschaft kommt, um hier ein Kreuz aufzustellen, ein Pilger rutscht auf Knien die steile Treppe hinauf, jeder lebt seine eigenen Gedanken und seine eigenen Gefühle. Für uns ist es weit mehr als ein touristischer Besuch. Wir dürfen die Menschen hier erleben. Der Himmel teilt mit uns die Stimmung. Er ist grau, Wolken ziehen, es tröpfelt mal, dann kommen auch ein paar weiße Wolken. Aus Respekt vor diesen Menschen, halte ich den Fotoapparat ziemlich geschlossen. Diese Situation hier kann ich niemals so beschreiben, wie wir sie empfunden haben, aber ich weiß auch, dass sehr viel von der eigenen Stimmung abhängig ist. Nein, wir sind nicht traurig, wir sind in den Bann der Ereignisse und Erlebnisse gezogen.

Danach fahren wir noch in die Stadt Siauliai, gesprochen <Schiauliai>, die im römischen Reich deutscher Nation Schaulen hieß. Auch hier gibt es einen „Akropolis Markt", ein riesiges Einkaufszentrum, wo wir unsere Bordküche bestücken. Wir gehen in ein litauisches Restaurant zum Essen, heute mal landestypisch. Es gibt mit Hackfleisch gefüllte Kartoffelklöße mit dem üblichen Sauerrahm. Mit Getränken bezahlen wir ca. 10 €. Wir kaufen noch ein geräuchertes Schweinefilet für ca. 3 €, und dann entdecken wir sogar einen Sekt, Flaschengärung, ca. 4,50 €. Den deponieren wir dann erst mal im Kühlschrank. Nach unserem ersten Wassereinkauf, das wir wegen des wahnsinnigen Salzgehaltes entsorgten, finden wir ein Mineralwasser nach unserem Geschmack. Wir laden 12 Flaschen ein, kaufen Brot und sind erst mal wieder versorgt. Den Abend verbringen wir gemütlich im Wohnmobil. Und während wir schlafen und träumen. regnet es die ganze Nacht.

27. April

Auch jetzt, es ist schon später Vormittag, regnet es permanent; Regen ohne absehbares Ende. Gegen 12 Uhr läuft unsere erste Waschmaschine. Die 2. wird und muss folgen, denn wir haben den guten Sekt im Gefrierschrank vergessen. Ich öffne die Flasche, der Druck ist schon so groß, dass das Eis durch die Gegend spritzt. Das hätte doch einem Choucroute Royal zu alle Ehren verholfen. So riecht es in der „Casima“ wie in einem Weinkeller, und wir lassen erst mal die 4 Grad kalte Luft einziehen, um gut zu lüften.

Zum Glück hat der Regen endlich aufgehört, es wird deutlich heller. So denken wir daran, am Nachmittag noch die Kathedrale in Siauliai zu besuchen. Mal sehen, was der Tag noch bringt. Den Regen haben wir genutzt, um etwas Kontakt nach Deutschland zu pflegen. Wir haben über Skype mit Freunden telefoniert. Das hat richtig Spaß gemacht. Dann war, wie schon beschrieben, Wäsche waschen angesagt, und unsere leere Gasflasche wünschte gefüllt zu werden. Unsere Gastgeber haben sich erkundigt und uns eine Adresse gebracht. Eine Tankstelle, 2 km von hier, hat Gas, um unsere Flaschen zu füllen. Nichts wie hin, Gas ist wichtig derzeit. Wir müssen nicht einmal die Flasche aus dem Auto holen. Der freundliche Tankwart kommt mit einem Adapter, holt den Rüssel der Gastankstelle, und schon blubbert das Gas in unsere Flasche. Eine sehr geschickte Lösung, die aber bei uns leider verboten ist. Jetzt fahren wir zur Kathedrale in Siauliai. Der Marienaltar ist besonders beeindruckend. Maria und das Kind schauen uns an, schauen uns ganz lieb an. Das gibt Wärme und Geborgenheit.

Gegen Abend kommt sogar die Sonne, und mit etwas Abendrot verabschiedet sich der Tag gegen 21.30 Uhr von uns.

28. April

Wir fahren heute in Siauliai ab. Der Regen hat sich verzogen, aber am Morgen ist es mit drei Grad noch lausig kalt. Wir füllen noch den Wassertank auf, jetzt sind wir versorgt. Alles ist startklar.

Heute wollen wir ein Kloster in Tytuvenai anschauen, und dann noch das „Fatima Litauens". Das Kloster ist geschlossen. Wir gehen in den Supermarkt nebenan und wollen fragen, wann das Kloster geöffnet ist. Sofort spricht uns ein junger Mann an: <ich spreche deutsch, kann ich helfen>? Wir könnten, falls der Pfarrer da ist, den Schlüssel holen, um dann die Kirche zu öffnen. Diese Prozedur wollen wir jetzt nicht. Wir konnten die Scala Santa (analog Rom) sehen, wir haben den Einblick bekommen, den wir wollten. So fahren wir weiter nach Siluva.

Hier soll Maria Hirtenkindern erschienen sein, ähnlich wie in Portugal. Es gibt Reisegruppen aus unterschiedlichen Ländern, der Platz vor der Kirche ist groß, und er lädt förmlich ein, irgendwo auf eine Bank zu sitzen, und den Gedanken etwas Freiraum zu gewähren. Es gibt die große Wallfahrtskirche und das Marienheiligtum. Wir besuchen beide Kirchen. Ich suche, einen Vergleich zu großen Wallfahrtsstätten in Westeuropa. Das gelingt mir wahrscheinlich deshalb nicht, weil die arme Bevölkerung hier einen sehr tiefen Glauben lebt. Johannes Paul II. war hier Er hat Litauen sehr zur Stabilisierung geholfen, und er hat Siluva als großen Wallfahrtsort bestätigt. Die Litauer haben ihm in Dankbarkeit ein Denkmal auf den großen Platz gesetzt; wie schon gesagt 75% der Litauer sind praktizierende Katholiken. Wir lassen den Platz und das Denkmal in Ruhe auf uns wirken. Dann ist das Informationszentrum unser Ziel. Eine nette Dame empfängt uns. Sie erzählt, dass viele italienische Pilgergruppen hierher kommen, und so sprechen wir dann zur Abwechslung mal italienisch.

Wenn die Kraniche ziehen...., ja, dann schauen wir bewundernd an den Himmel. Sicher zwanzig Kraniche fliegen in der ihnen eigenen Formation über uns vorbei. Leider kann ich nicht so schnell den Fotoapparat holen. Dennoch, das Bild am Himmel bleibt uns in Erinnerung. Weiter geht es zum Stellplatz in Raseiniai. Dort soll ein gutes Fischrestaurant sein, was wegen der großen Anzahl von Seen, die dort sind, logisch erscheint. Die Wiesen am Platz sind nicht zu befahren, ein Asphaltplatz, der uns angeboten wird, liegt am B-Loch der Natur, also fahren wir gleich dahin, wo wir morgen sowieso hin wollten, nach Kaunas. Wie so oft bei Städten gibt es einen städtischen Campingplatz, der eine Bushaltestelle vor der Tür hat. Der Campingplatz ist bewacht, und so steht dem gemütlichen Abend in unserer „Casima" nichts im Weg. Morgen werden wir die Memel wieder aus einer anderen Perspektive sehen.

29. April

Kaunas ist die zweitgrößte Stadt Litauens. Heute hat es das Wetter echt gut mit uns gemeint. Wir sind den ganzen Tag gelaufen, sicher mehr als 8 km. Dazu kamen viele Besichtigungen: die Burg und einige der fünfundzwanzig Kirchen! Nein, wir haben nicht alle gesehen, aber die wichtigsten dann doch. Kaunas hat eine Fußgängerzone, die schnurgerade fast 2 km misst. Leider haben montags alle Museen geschlossen. Zwei standen auf unserem Programm, einmal das Teufelsmuseum, und dann das medizinisch- pharmazeutische Museum. Vielleicht machen wir das noch auf der Rückfahrt, mal sehen, denn morgen wollen wir weiter. Wir haben schon wenige Worte litauische Sprache gelernt, aber wirklich verstehen können wir nichts. Die Leute sind immer wieder mehr als freundlich zu uns, obwohl wir keinen gescheiten Satz hinbekommen. An der Bushaltestelle sprachen uns schon zwei Frauen an: woher kommt ihr? Wir sind aus Deutschland, Germany, wir versuchen es in allen Sprachen, die uns geläufig sind, aber ohne Erfolg. Unser Sprachführer lehrt uns, dass wir "vokiskai" sprechen, also deutsch. Wir sollen uns im Bus vor sie setzen, sie verdeutlichen uns dann, wo wir aussteigen müssen. Geht doch, klasse!   Kaunas war bis 1932 die Hauptstadt Litauens, denn Vilnius gehörte zu Polen. Wieder erleben wir Geschichte. In der alten Franziskanerkirche, die mehrmals abgebrannt ist, oder vielleicht auch abgebrannt wurde, kaufen wir eine Kerze, die wir dann dort anzünden. Der alte Franziskaner ist glücklich, er verabschiedet uns mit Handschlag und seinem Segen.

Seit dem 1.Mai 2004 gehören die baltischen Staaten zur EU. Kaunas hat 365.000 Einwohner, davon 25.000 Studenten. Wenn man bedenkt, dass ganz Litauen nur 3,6 Millionen Einwohner hat, ist das schon beträchtlich. Unser Anblick schweift wieder einmal über die Memel, auch Geschichtsunterricht zum Anfassen und Begreifen. Dann kommen wir zum Platz vor dem Musiktheater. Wir erinnern uns: Hier hat sich 1972 Romas Kalanta selbst verbrannt. Das war der erste öffentliche Protest gegen die Sowjetherrschaft. Heute erinnern eine Tafel und ein Kreuz daran. Das bringt uns zum Innehalten, zum Bedenken und Gedenken.

Wir finden ein Lokal, wo quasi „nur" Einheimische essen. Essen, das möchten wir auch tun, denn der Hunger meldet sich inzwischen: Kartoffelklöße mit Fleischfüllung und Sauce. Mit Getränk kostet das alles für uns beide ca. 8,50 €. Der Bus schlägt je Fahrt mit 1,20 € zu Buche, aber eine Genehmigung zum Fotografieren im Teufelsmuseum soll ca. 10 Euro kosten. Dazu kam es ja heute nicht. Die Stadt ist noch arm, vieles wird aber renoviert und restauriert, und ähnlich wie bei unserer ersten Reise nach Ungarn oder auch nach Peking, sind wir froh, jetzt hier zu sein, um den Wandel mit zu erleben.

30. April

Heute hatten wir ein fantastisches Essen: das <ARD-Mittags-Buffet>! Spaß beiseite, wir sind von Kaunas nach Trakai gefahren. Wenn etwas in Litauen ein absolutes MUSS ist, dann ist es der Besuch der mittelalterlichen Hauptstadt des Landes: ***TRAKAI!*** Jeder offizielle Gast Litauens besucht als Pflichtprogramm Trakai. Wir haben nie vorher davon gehört, aber für uns war es eine Aufforderung, uns gestern Abend noch ausführlich mit den ***Karäern*** zu beschäftigen. Die *Karäer* sind das kleinste in Litauen lebende Volk. Von 1392 -1430 war Trakai das Zentrum des politischen Lebens. Zu der Zeit wurde die Burg errichtet. Sie wurde wohl nie so wirklich von Feinden erobert. Im 14. Jahrhundert holte Großfürst Vytautas die Karäer und die Tartaren zu seinem Schutz nach Litauen. Die Karäer sind turk-stämmiger Herkunft, und noch heute leben ihre Nachfahren in bunten Holzhäusern vor dem Eingang der Burg. Neben den farbenfrohen Holzhäusern kann man ihr Gebetshaus, die Kenesse, anschauen. Die Karäer, ursprünglich 383 Familien, sind von der Krim nach Trakai verlegt worden. Sie waren Burgwächter und arbeiteten in Handel, Handwerk und Ackerbau. Bis heute hat sich dieses Volk die Eigenart der Muttersprache, eine Mischung zwischen hebräischer und türkischer Sprache, mit durchaus auch noch israelischen Einflüssen, bewahrt. Die Juden erkennen sie nicht als Juden an, und das hat dieser kleinen Gruppe hier wohl während der Nazizeit das Leben gerettet. Morgen werden wir uns dann intensiv vor Ort mit diesen interessanten Aspekten weiter beschäftigen. Ein 4 Sterne Campingplatz, der "Kempin gas Slėnyje", dient uns dazu als Ausgangspunkt. Es ist wunderschön hier, aber alles ist noch halb im Winterschlaf.

. Fast 20 Grad zeigt das Thermometer des Campingplatzes heute am Mittag. Der Campingplatz ist umgeben von Seen, ein herrliches Gelände, Badeplätze, Bootsstege, Segelboote, es ist fast wie Frühlingserwachen. Am Nachmittag kommt sogar noch ein Wohnmobil. Es sind Deutsche aus Paderborn. Dann trudelt noch ein Holländer ein, und das an diesem Festtag für die Niederländer. Seit heute ist Willem Alexander König der Niederländer. Es kommt auch noch ein Wohnmobil aus Polen, und auch ein Auto mit Zelt aus Polen sorgt für mehr Gäste hier. Das ist ja schon mal was, der Tourismus geht in die Startlöcher.

So langsam geht die Sonne unter, hier ist es schon 20.15 Uhr, ich habe also heute sehr lange gebraucht, um die paar Zeilen zu schreiben!!!!

01.Mai

Das war ein toller Tag! Wir sind ziemlich zeitig nach Trakai gefahren. Der Mai ist gekommen, die Bäume schlagen aus, endlich, denn die letzten Tage waren doch noch sehr kalt und nicht wirklich frühlingshaft. Wir haben uns heute ein Taxi geleistet, weil die Wegstrecke dann zum Laufen immer noch groß genug war. Das Wahrzeichen der Stadt, die mächtige Wasserburg, haben wir erklettert, besichtigt und auch wieder geschichtlich wahrgenommen. Zum ersten Mal in Litauen waren wirklich viele Menschen auf den Straßen sichtbar. Aus den vielen Bussen „sprudelten die Menschen nur so hinaus". Die ersten Boote waren auf den Seen, und die geschäftstüchtigen Karäer, auch Karaiten genannt, boten ihre Waren feil. Drei unterschiedliche Kirchen haben wir angeschaut, ein jüdisches Gebetshaus, eine katholische Kirche, die bereits im 17. Jahrhundert von den Russen vollständig zerstört wurde, und eine russisch orthodoxe Kirche, die gerade sehr aufwendig saniert wird. Die katholische Kirche wurde erst nach dem 2. Weltkrieg wieder aufgebaut. Nach den Besichtigungen zieht es uns in landestypisches Restaurant und wir essen zum ersten Mal die hausgemachten Kibinai. Das sind gefüllte Teigtaschen, die man hier isst, wie in Freiburg die Wust, die <lange Rote> auf dem Münsterplatz. Serviette drum, kauen, fertig. Dazu trinkt man einheimisches Bier, das übrigens recht gut schmeckt. Ein Wodka zur Verdauung ist auch nicht schlecht und durchaus üblich hier.

Warm war es heute, viel Sonne, so richtig angenehm am ersten Mai. Mal sehen, wozu wir morgen Lust haben.

02. Mai

Heute sind wir nochmals in Trakai. Auf dem Markt, schaut man uns wie Exoten an. Die Bordküche wird aufgestockt, wir schauen die uns fremd wirkenden Auslagen an und sondieren unsere Weiterfahrt. Die Sonne ist ein Hochgenuss. Jetzt brauchen wir einen Parkplatz für unsere Casima, und den bekommen wir sogar von einem alten Herrn - ob der wohl wirklich viel älter ist als wir (?) - angeboten. Der will uns aber richtig verarschen: für eine Stunde will er 10 Litas, nein das bekommt er von uns nicht. Wir sagen ihm ein klares NEIN und fahren ab. Plötzlich spricht er deutsch und meint, <dann aber schnell>. Wenig weiter entfernt haben wir auf einem städtischen Parkplatz dann nur 2 Litas bezahlt. Jetzt ist Gelegenheit für einen Bummel durch das Städtchen. Wir lassen nochmal alle Eindrücke auf uns wirken. Die mächtige Burganlage, die farbigen Häuser, die Boote im plätschernden Wasser des Sees, und die Spiegelbilder, die die Sonne zaubert. Das tut richtig gut.

Wir fahren zurück zum Campingplatz. Morgen geht es weiter, und das sogar mit neuer Haarfarbe, zumindest für mich.

03. Mai

Die Hauptstadt Vilnius werden wir für die Rückfahrt aufsparen, denn im Touristenbüro – jaaa, das gibt es hier in Trakai auch - sagte man uns, für die knapp 30 km Fahrt, müssten wir zwei bis drei Stunden Fahrzeit einplanen. Wegen großer EU Feiern, die schon mehr als nur Schatten voraus schicken, ist die ganze Stadt Baustelle. Mal sehen, wie es im Juni ist. Dann sollten einige Baumaßnahmen abgeschlossen sein. Wir haben die riesigen Baustellen schon in Berlin erlebt, das muss jetzt wirklich nicht nochmal sein, zumal der Campingplatz noch nicht geöffnet haben soll, obwohl die Öffnungszeiten schon gemeldet sind. Campingplatz geöffnet, aber nicht wirklich, auch das gibt es. Das Messegelände, wo sich der Campingplatz befindet, liegt wohl auch im Baustellenbereich.

04. Mai

Gestern Abend hatte ich keine Lust mehr zum Schreiben. Wir haben auf der Fahrt die Besichtigung des geografischen Mittelpunkts Europas eingebaut. Es ist kaum vorstellbar, dass wir hier auf dem Mittelpunkt Europas stehen können, wenn auch nur auf dem geografischen. Die Flaggen sind alle gehisst, der Mittelpunkt ist gekennzeichnet, und zur Touristensaison bekommt man sogar eine Urkunde mit Stempel. Sind wir doch wieder zu früh da! Naja, auf Stempel und Urkunde können wir verzichten, die beiden Dinge haben wir sogar schon von der chinesischen Mauer. Hier tut es dann auch ein Foto.

Gleich in der Nähe des Mittelpunkts Europas ist ein 18-Loch Golfplatz vom Feinsten. Wir amüsieren uns. Hier werden jede Menge Golfbälle benötigt, denn alle Greens sind von Seen umgeben. Es gibt hier unendliche Seen, sowohl in Anzahl wie in Größe, genauso, wie schier endlose Wälder. Zu den Straßen gibt es auch unsere persönlichen Bemerkungen: Wir haben eine Form der Straßen die "Hundertwasser Straße" getauft. Große Stücke wurden ausgefräst, das kennen wir schon von Ungarn, und dann mit Teer aufgefüllt. Wenn man Pech hat, kommt man gerade zu der Zeit, wo die Fräsarbeiten fertig sind. Dann heißt es Bremsen, Ausweichen, oder man muss ernsthafte Bedenken um das Auto haben. Bedingt durch die großen und auch ziemlich symmetrischen Teerarbeiten, heißen diese Straßen bei uns einfach< Hundertwasserstraßen>. Seit gestern gibt es auch die <Gaudi Straßen>, die sich durch riesige Wellen auszeichnen. Mal fährt man hoch - runter, mal ist man einfach in einer Art Seitenlage, die sich aber mit jedem Meter ändern kann. Zum Glück ist bei uns alles perfekt gepackt, ansonsten würde es klappern und quietschen. Gekrönt wird das Ganze dann von Schotterwegen, die uns aber zum Glück nicht ständig begegnen. Unser <Tom Tom> kennt sich recht gut aus hier, wir sind sehr zufrieden mit unserem neuen Gerät.

Heute haben wir den Tag auf dem Campingplatz <Apple-island> genutzt, um uns und unsere Casima zu regenerieren, das heißt: Alle Wäsche ist gewaschen und getrocknet, also aufgeräumt wieder in den Schränken. Die Casima ist gewaschen, und auch die Heckgarage ist wieder neu eingeräumt. Diese „Apfelinsel" ist wirklich eine Insel. Der Campingplatz wird von einer niederländischen Familie betrieben. Es gibt jede Menge Apfelbäume und kleine Seen auf der Insel, und dann einen großen See, der die Insel zur Insel macht. Bemerkenswert war die Fahrt über die Brücke zur Insel: Ein kleiner Holzsteg führte uns auf die Insel. Die Türen konnten wir nicht mehr öffnen, und so fuhr ich ein Stück zurück, damit Inge das Abenteuer fotografieren konnte. Wieder einmal echte Maßarbeit. Der Platz ist sehr gepflegt, wir fühlen uns wohl. So kann es morgen langsam Richtung Lettland gehen. Allerdings haben wir noch zwei Besichtigungen in Litauen geplant, so dass sicher auch noch eine Übernachtung in Litauen ansteht.

Ein herrlicher Sonnen Tag neigt sich dem Ende zu. Wir gehen ins Restaurant, und dann freuen wir uns schon auf den neuen Tag.

05. Mai

Heute sind wir zeitig in die „Startlöcher" gegangen, denn unser erstes Ziel, die Kirche von Paluse, zieht uns in ihren Bann.

Die litauische Beschreibung hatte uns aus mehreren Gründen neugierig gemacht: „An einem der schönsten Fleckchen Erde des Landes, am Lusiai See, steht die kleine Kirche aus Baumstämmen, die ohne Nägel gebaut worden sein soll".

Wann, das ist nicht beschrieben, aber im 19. Jahrhundert wurde sie renoviert. Die Kirche ist sehr berühmt. Sie war sogar lange Zeit auf dem <Ein-Lita-Geldschein> abgebildet. Bei herrlichem Wetter, leuchtet der See in stahlblauer Farbe; und so begrüßen uns alle Seen an diesem Morgen. Wir erreichen - beschwingt von den Augenfreuden - unser Etappenziel. Um zwölf Uhr am Sonntag ist Besichtigungszeit. Wir sind extra zeitig abgefahren, um das auf keinen Fall zu verpassen. Wir haben sogar die von James, unserem Navi, angebotene Abkürzung vermieden. Durch *Vermeidung* dieser Abkürzung, wurde unsere Strecke fast 45 Minuten schneller. Das klingt paradox, aber es liegt an den Straßenverhältnissen. Abkürzungen können auch immer „über Stock und Stein" führen. So kamen wir noch unverhofft zu einer anderen Kirchenbesichtigung. Dort erlebten wir noch einen kurzen Teil der Sonntagsmesse. Der Gottesdienst war sehr gut besucht. Frauen saßen auf der linken Seite, Männer auf der rechten Seite in den Bänken. Ich erinnere mich, dass das während meiner Kindheit auch bei uns so ähnlich war. Da allerdings saßen die Frauen auf der rechten Seite und die Männer links. Wer das wohl eingeführt hat?

Etwas exotisch kamen wir uns schon vor, westlich exotisch, denn nicht nur die Sprache und die Melodik versetzen uns in die andere Kultur, auch die Kleidung war anders, einfacher und total „schwarz“ orientiert. Es ist irgendwie besonders heute, ungeplantes Erlebnis mit Eindrücken, die einerseits vertraut sind, und andererseits dann doch wieder fremd.

Die Menschen auf dem Land leben hier sehr ärmlich. Inge prägte später den Satz, keine Kröten, aber unendliche Krötenschutzzäune rechts und links der Straße. So zollt die EU ihren Beitrag.

Zurück ins Auto, und jetzt wirklich zu unserem Ziel, der alten Kirche. Wir sind dort schon vor zwölf Uhr mittags angekommen. Wir haben die Kirche von draußen gesehen, aber niemand kam, um dann um zwölf Uhr die Türen zu öffnen. So genießen wir den Anblick und den Ausblick. Dabei fällt uns ein Kreuz auf, das von einem Soldaten getragen wird. Den Soldaten sieht man nur als „tragendende Hände, Stahlhelm und Tornister“. Die Menschen hier sind unendlich froh, von der Sowjetherrschaft befreit zu sein. Die großen Kolchosen zerfallen, alles was mit der Epoche zu tun hat, ist dem Verfall, und damit auch dem Vergehen der Zeit preisgegeben. Die ehemals sowjetischen Dörfer sind grau, graue Häuser, graue Wellblechdächer, einfach nur grau in grau. Wir fahren weiter zur alten Eiche von Stelmuze. Das wahre Alter kennt niemand, aber es wird vermutet, dass diese älteste und dickste Eiche des Landes eine der ältesten in Europa ist. Der Durchmesser beträgt 3,5m, Höhe 23m, und acht bis neun Männer können sie gemeinsam umfassen. Sagen erzählen, dass sich neben diesem alten Baum ein heidnischer Opferaltar befunden haben soll. Ganz nah bei der Eiche ist eine der ältesten Kirchen Litauens. Sie wurde aus 1650 gemeißelten Baumstämmen errichten. Auch hier waren keine Nägel erforderlich. Die Ausstattung soll in barocker Volkskunst gefertigt sein. Leider ist auch hier eine Innenbesichtigung nicht möglich. Es ist immer wieder erstaunlich, wieviel Glauben und Religiosität sich die Litauer erhalten haben. 75% Katholiken, und ein großer Anteil davon sind praktizierende Katholiken. Die Kirchen wurden von den Russen unterschiedlich genutzt, und dann, nach der Eigenständigkeit Litauens, wieder ihrer ursprünglichen Bestimmung zugeführt.

Wir fahren zurück auf den Campingplatz gleichen Namens in Zarasai, Die Straße, die wir fahren, sollte ich noch beschreiben: 8,4 km von der alten Eiche bzw. der Kirche sind es, bis wir wieder zurück zur Hauptstraße kommen. Früher war es eine Schotterstraße, und zwar so, „wie der Ochse gelaufen ist". Dazu aber auch mit vielen Hoch-und Runterfahrten, also Wellenlinien der Marke Gaudi. Jetzt ist dieser Weg asphaltiert, zwar nur in der Mitte, aber immerhin. Wenn dann jemand entgegen kommt, fährt man eben mit zwei Rädern in die Staubpiste. Das hat richtig Spaß gemacht, und ich durfte es sogar zweimal fahren. Man sieht den Staub hochfliegen, und sonst sieht man so gut wie nichts mehr.

Auf dem schönen <Campingplatz Zarasai> in Zarasai sind wir mal wieder die ersten Saisongäste, dazu auch die einzigen. Alles ist neu und sauber. Wir sind wieder direkt an einem großen See. Wir wollen hier nur übernachten, und morgen ein Stück Richtung Lettland fahren. Wahrscheinlich fahren wir nochmal nach Siauliai, das liegt so ziemlich am Weg, und wir wissen, dass die Bordküche bestückt werden kann, bevor wir dann das nächste Land besuchen.

06. Mai

Wir wollten heute ganz bewusst eine ausgedehnte Überlandfahrt machen. So sind wir am Morgen in Zarasai abgefahren, und jetzt in Sutkunai /Siauliai angekommen. Alte Kolchosen mit hohen Wachttürmen fallen in sich selbst zusammen. Riesige Ackerflächen, unendliche Wälder und Moore, und dann immer wieder diese alten russischen Dörfer. Grau die Häuser, grau die Dächer und trist die gesamte Ausstrahlung. Die Landwirtschaft funktioniert auf vielfache Art und Weise: es gibt den Bauern, der die Walze von Hand zieht, und der mit seiner Familie die Pflänzchen einzeln mühsam in die Erde steckt. Die nächste Variante ist das Pferd. Der gute alte Ackergaul, der den Pflug zieht, der so richtig als getreues Arbeitstier dient. Der Bauer läuft neben dem Ackergerät her. Der alte Traktor ist schon eine bemerkenswerte Errungenschaft, er zieht zumindest schneller und mit weniger Mühe seine Furchen. Dann gibt es ganz wenige Großbetriebe. Während in den meisten Fällen die alten Kolchosen vergammeln und zerfallen, haben sich einige der riesigen Anwesen gehalten. Sie sind nicht nur erhalten worden, sie sind neu aus- und angebaut worden. Riesige Getreidesilos, und Ackerflächen, wo das menschliche Auge das Ende nicht erkennen kann. Dann immer wieder Storchennester. Die kennen wir ja von zu Hause und aus vielen Ländern bei unseren Reisen. Auffallend hier ist, dass die Störche deutlich größer sind als in unsern heimischen Gefilden. Der Tourismus schläft noch. Heute sind auf dem Campingplatz Schweizer aus Zürich, aber die finden wir doof; sie uns wahrscheinlich auch, denn es wird so gut wie kein Wort gewechselt, obwohl wir dieselbe Sprache sprechen. Wir haben sie schon in Trakai gesehen, aber dennoch ist die Kommunikation gleich Null. Er sitzt wie Pascha im Sessel - so sieht er auch aus - gut zehn Meter von seiner Frau weg. Ruhig ist es, sie reden auch nicht miteinander, sie lesen Regenbogenpresse.

Egal, wir haben wieder volle Gasflaschen und fahren morgen nach Lettland. Die Abendsonne wärmt auch jetzt um 20 Uhr noch sehr angenehm, und der Unterschied der letzten Tage ist in den Temperaturen und in der frühlingshaften Natur deutlich zu spüren. Die Seen sahen heute alle aus wie riesige blaue, königsblaue Tintenfässer, einfach schön und gemütlich. Wir haben den Kühlschrank gefüllt, frischen Lachs gekauft, und so freuen wir uns schon auf das Frühstück. Bei unserem heutigen Abstecher nach Biraz, einer Stadt mit sieben Brauereien, haben wir wieder einmal in einem litauischen Lokal gegessen. Diese Restaurants haben Selbstbedienung, sie heißen Valgykla, es gibt einige Gerichte zur Auswahl, und es schmeckt recht gut. Für 3,60 € waren wir zu zweit voll zufrieden, incl. Getränken versteht sich. Wir haben die beiden Kirchen angeschaut, den Schlosspark und das Städtchen. Lustig war es, denn wir werden doch immer wieder wie Exoten angestarrt, besonders von Kindern. Zum

„Grazina Campingplatz“ sind wir gefahren, weil wir erstens wussten, was uns erwartet, zweitens sicher waren, dass unsere halb leere Gasflasche mit Nachschub versorgt wird, und weil wir von hier aus eine gute Straße nach Lettland haben. Jetzt werden wir uns mit der neuen Währung und den Umrechnungskursen von Lettland beschäftigen, und wer glaubt, das hätte auch nur eine einzige Ähnlichkeit, der irrt gewaltig. 1 litauischer Lita sind etwa 0,30 €. 1 lettischer Lat sind ungefähr 1,41 €. Also, ganz klar, reisen fordert den Grips, wir machen uns an die weitere Aktivierung dessen. In der litauischen Grammatik gibt es sieben Fälle, die wir selbstverständlich nicht deklinieren können. Wir können sie nicht einmal benennen. Lateinisch sind es ja fünf, im deutschen kennen wir vier Fälle und jetzt kommen wir nach Lettland, da sind es sechs Fälle! <Auf jeden Fall>, egal wie viele grammatische Fälle, es macht Spaß! Viso Gero Litauen, auf Wiedersehen!

07. Mai

Wir sind in Ventspils an der Ostsee angekommen, direkt an der Ostsee, und nicht nur das, wir sind auch in Latvia, so heißt Lettland in der Landessprache. Wir hatten -wie bekannt ist -in Siauliai übernachtet, und sind dann nach den üblichen morgendlichen „Ritualen“ abgefahren. Wir haben uns eine Strecke ohne Autobahn ausgesucht. Nach dem Tanken vergleichen wir nochmals die Planung von unserm Navi „James“ und unsern Vorstellungen. Ok, ein paar Kilometer "weiße Straße" auf der Karte wird ja kein Problem sein. Schon jetzt sei gesagt, Problem war es auch nicht. Die "gelben Straßen" sind immer unsere bevorzugten, weil erstens kaum Verkehr ist, und zweitens nicht so viele Schlaglöcher die Straße zieren! Wir fahren also gemütlich auf Latvia zu, eine kleine Straße, links von uns am Straßenrand die ersten Betonsäulen mit lettischer Flagge und Wappen. So, da muss sie sein, die Grenze zwischen Litauen und Lettland. Wir fahren langsam, und dann halten wir an, um diesen Minigrenzübergang zu fotografieren. Gute Idee, denn es kommt die weiße Straße. Inge meint, ob wir jetzt auf einer Wüstenfahrt sind. Meine Antwort: nee, aber auf der Probefahrt dafür. Ich schreibe morgen weiter, jetzt kommt Tagesschau aus Deutschland.

08. Mai

Wir haben prima geschlafen! Herrliche Ruhe und Ostseeluft, das war so richtig zum wohligen Einschlafen. Kurz bevor wir uns auf die Ohren gelegt haben, sind wir nochmals nach draußen gegangen. Mitternacht, nicht ganz dunkel und ein riesiges Sternenzelt über uns. Gerade hatten wir im Fernsehen einen Bericht über Lichtverschmutzung gesehen. Das kann man auch bei Wikipedia nachlesen. Uns war schon in Trakai aufgefallen, dass die Sterne wirklich funkelnd am Firmament leuchten. Wenn man die riesigen Wald- und Ackerflächen hier im Baltikum sieht, dann weiß man im Gegenzug, dass es wesentlich weniger künstliche Beleuchtung gibt, als in unseren Ballungszentren. So genießen wir den funkelnden, leuchtenden Sternenhimmel, wir haben ihn schon vor dem Fernsehbericht wahrgenommen, gestern haben wir das Phänomen verstanden, und wir stehen bewundernd auf unserem Planeten Erde, den Blick zum Sternenhimmel gewandt. Ein fast unbeschreibliches Gefühl des Glücks.

Heute Morgen lacht wieder die Sonne. Das Thermometer ist schon auf 20 Grad gestiegen, aber ich will ja noch von der Fahrt berichten: Also weiße Straße: Schotterpiste! Das lässt sich manchmal besser fahren, als geteerte Straßen mit riesigen Löchern. Bei der Schotterpiste muss man lernen, sich möglichst nicht überholen zu lassen, und wenn dann doch, dann solle man einfach anhalten. Die Pisten sind gut und breit, mehr breit als gut, aber das ist nun mal so. Wird man dann überholt, sieht man vor lauter Staub die „Straße" nicht mehr. Es staubt, und das ständig, denn jeder Traktor im Feld bringt erst mal eine riesige Staubwolke. Es gibt wenige Autos. Die großen Städte sind gut befahren, aber gestern meinte Inge, dass James ständig <die Staumeldungen sucht> und keine finden kann. Zur Erinnerung: James ist unser Navi, und James kennt sich hier verdammt gut aus. Wir fahren also etwa 20 km Schotter, manchmal Sand. Schnell fahren kann man nicht, aber so auf 40km/h kann man sich mal vortasten. Die Sandstreifen zwischendurch ziehen die Antriebsräder leicht hin und her, dann geht's weiter. Wir finden es lustig, und unser Auto ist klasse. Wir erreichen wieder die geteerte Piste, die allerdings von Rollsplitt und Löchern besonderer Art durchzogen ist. Da müssen wir schon aufpassen, um den Slalom gut zu bestehen

Der Campingplatz in Ventspils, er heißt <Piejūras kempings>, ist prima, allerdings können wir uns mit den einzigen anderen Gästen nicht unterhalten, denn das sind Russen. Es reichte gestern Abend noch gut für einen gemütlichen Spaziergang an die Ostsee. Herrliche Sonne, angenehme

Wärme und langer, weißer Sandstrand. Wir sehen die Hafeneinfahrt, die Schiffe dort, aber leider könnten wir nicht bis zum Sonnenuntergang bleiben. Der Weg durch den Park zurück musste noch sein, und wir wissen noch nicht, wann das Törchen zum Campingplatz abgeschlossen wird. Den Sonnenuntergang werden wir sicher nachholen.

Heute fahren wir mit dem Linienbus, der nah bei dem Campingplatz abfährt, in die Stadt. Wir besichtigen eine lutherische Kirche. Wie extra zu unserem Empfang geplant, werden wir von Orgelmusik und den Klängen einer Tuba empfangen. Das klingt wohltuend für unsere Ohren, ja, auch hier ist für uns Wohlfühlatmosphäre. Die Sprache ist sehr schwierig, und außer „bitte und danke" haben wir noch nichts gelernt. Wenige Menschen sprechen englisch, und zu Beginn macht es auch den Eindruck, als ob die Menschen sehr zurückhaltend sind. Wir kommen auf den Markt, sehen das spärliche Angebot, das, ähnlich wie in Litauen, für unsere Augen den Eindruck vermittelt, alles sei die Zeit um Jahre zurückversetzt. Weiter geht es durch die Altstadt. Viele „Kuhmodelle" sollen das besondere Flair der Stadt prägen. Das muss man nicht unbedingt mögen, aber manchmal erscheint es lustig. Auch diese Stadt war einmal deutsch, sie hieß einmal Windau. Immer schon war sie eine richtige Hafenstadt. Heute sehen wir riesige Kohlenverladungen, russisches Öl wird hier umgeschlagen, es gibt Fähren nach Travemünde und Lübeck, aber auch nach Schweden. Dennoch liegt der Schwerpunkt in der Fracht. Dazu werden sogar Lotsenschiffe benötigt, denn die Einfahrt in den Fluss Venta ist ziemlich eng. Wir kommen in eine russisch orthodoxe Kirche, werden natürlich sofort als westliche Touristen ausgemacht, und um eine Spende gebeten. Der Opferstock ist gut gepolstert, man hört keine Münzen einfallen, und so ist unsere Spende, die mir auch ermöglicht zu fotografieren, nicht als wesentlich zu bewerten. Die Preise sind deutlich höher als in Litauen, aber kein Vergleich zu Deutschland. Von Ventspils aus wollen wir zur Hauptstadt Riga. Wir sind sehr neugierig, was aus der Hansestadt geworden ist. Es soll sehr viel restauriert worden sein. Zuerst einmal bleiben wir aber noch einen Tag hier.

9. Mai

Ja, der heutige Tag soll hier noch auf uns wirken. Das machen wir ohne Zeitdruck, und erst am Mittag, nach einem Gewitterschauer, laufen wir durch den weißen Ostseesand bis zum Hafen. Welche Schiffe sind denn heute da? Wir sehen den Hafenarbeitern zu, sehen die Lotsen auf ihren Schiffen, und dann wird es Zeit, uns auf den Rückweg zu machen. Der Himmel lässt uns Bedenken anmelden, trocken den Campingplatz zu erreichen. Unser Weg schlägt so mit ungefähr fünf Kilometern zu "Sohlen"! Die Wolken verziehen sich schnell, und das Wetter ist wieder herrlich; morgen fahren wir Richtung Riga.

Auf dem Campingplatz sind heute Paderborner angekommen. Obwohl alles frei ist, stellen sie sich direkt neben uns, so richtig Tür an Tür. Manche Leute haben kein Gefühl, die Privatsphäre zu respektieren. Inzwischen sind noch ein Auto aus Bern und eins aus Augsburg gekommen. Da gibt es noch ein richtig nettes Gespräch. Wir erzählen, dass wir Verwandte in Augsburg haben und so ist schnell eine Basis gefunden. Das Hauptthema, wenn man mit jemanden ins Gespräch kommt, ist meist das Interesse für die baltischen Staaten. Das Erstaunen, über das Unbekannte ist größer, als die Erwartungen die gehegt werden. Aber dennoch ist klar, dass wir kaum Menschen zum Erfahrungsaustausch getroffen haben. Vieles hier ist noch nicht vom Tourismus erobert.

10. Mai

Heute hat uns unsere Tour nach Riga geführt. Die Fahrt an der Küste entlang hat nicht das gebracht, was wir uns vorgestellt haben; ich könnte auch sagen, es hat sich nicht gelohnt. Dafür haben wir richtig Glück in RIGA. Der städtische Campingplatz hat schon geöffnet, obwohl selbst der ADAC sagt, erst ab 15.5. sei dort geöffnet. Wir können schnell erahnen, warum das so ist: Eine französische Reisegruppe mit 22 Fahrzeugen, 22 Reisemobile als Gruppenreise, das muss man mögen, sind auf der Reise durch die baltischen Länder, durch Russland und die Ukraine. Wir reden mit einigen Leuten, und lassen uns berichten. Endlich mal wieder eine Sprache, die uns fließend über die Zunge geht. Dann gibt es noch eine kleine Tour per Pedes, und morgen gehört unser ganzes Interesse der Jugendstilstadt, die seit 1997 zum UNESCO Welterbe gehört. Mehr als 800 Jugendstilbauten sollen in der größten Stadt des Baltikums mit über 700.000 Einwohnern zu bewundern sein. 43% der Einwohner sind Letten, 42% sind Russen, der Rest verteilt sich in homöopathischer Dosierung. Morgen werden wir mehr sehen.

11. Mai

Heute haben wir eingehend die Altstadt von Riga bewundert. Unser erstes Ziel war der Dom mit der einstmals größten Orgel der Welt, die durchaus auch heute noch einen besonderen Stellenwert hat. Aktuell wird der Prospekt in verschiedenen Etappen saniert. Natürlich ist es für uns deutlich sichtbar, dass Riga im Vergleich zu Budapest und Prag, noch weit zurück liegt. Die Jugendstilstadt, die als Paris des Baltikums bezeichnet wird, hat sicher schon sehr viel Restaurierung erfahren. Auch wir erfahren wieder den immer ganz besonderen, eigenen Charme einer Hauptstadt. Es gibt den „Welterbe Zuschlag“: Sonderpreise! Eintritt in den Dom 2 Lats, also etwa 3 €. Das ist für hiesige Verhältnisse schon viel. Auch eine Tasse Kaffee für 1,60 Lat = ca. 2,40 €, das allerdings in einem guten Hotel, ist viel. Wir denken dann immer an die Einheimischen, die sich solche Dinge als Familie kaum leisten können. Hier gibt es auch schon viel Bustouristik. Menschen werden in großen Gruppen durch die Altstadt geschleust, und wir hören sogar hier und da deutsche Töne. Die Altstadt „erlaufen“ wir; wir haben einen guten Stadtplan und gute Sohlen, und so können wir aussuchen, was uns wichtig erscheint, und was wir sehen möchten. Die ehemals „deutsche Hansestadt“ macht ihrem Namen alle Ehre. Es gibt noch eine alte Speicherstadt, die Häuser der Altstadt lassen den Wohlstand der frühere Zeit erahnen. Dennoch ist ganz klar, dass die besetzten Zeiten hier tiefe Spuren hinterlassen haben. Riga ist jetzt eine aufstrebende Stadt. Hoffentlich kann Altes noch weiter erhalten werden, weiter geschützt werden, und wieder hergestellt werden. 700.000 Einwohner leben hier, das sind mehr als die Hälfte der Gesamtbevölkerung des Landes. Lettland ist flächenmäßig so groß wie Bayern. Man sieht Bankenhochhäuser und Hochhäuser von Ölmultis. Einkaufszentren mit vielen Markengeschäften bringen westliches Niveau, aber auch westliche Preisgestaltung. Hoffentlich geht nicht zu viel der Kultur dabei verloren.

Wir fahren morgen weiter, aber nicht, ohne noch den Markt in Riga zu erleben. Unser Kontakt nach Hause lässt uns wissen: Freiburg hat gegen Fürth gewonnen. Prima, weiter so SCF!

12. Mai

In Riga ist der größte Markt Lettlands. Die Hallen, die Hitler ursprünglich für den Bau des Zeppelins benutzen wollte, heißen auch heute noch übersetzt Zeppelinhallen. In diesen vier Hallen ist jeden Tag Markt. Dann sind noch unendliche Freiflächen um die Hallen herum. Es gibt keine lebenden Tiere, aber sonst alles, was man sich vorstellen kann: Kleider, Knöpfe, Reißverschlüsse, Haarnadeln, Blumen in aller Pracht und in allen Farben, Obst, Gemüse und eben alles, was man als „genießbar" bezeichnen kann.. Wenig exotische Produkte, dafür aber russische Stände mit den üblichen Produkten für langes Leben und Potenz. Wir erstehen einen Fächer für Anita, eine Nagelschere (deutsches Produkt), und ein paar Wäscheklammern. Es ist eine unserer Macken: Wir haben Wäscheklammern aus fast allen Ländern, wo wir waren. Das muss aber nicht unbedingt so sein, aber, <wenn sie uns gerade über den Weg laufen> dann kaufen wir schon welche.

Für unsere Bordküche gibt es noch Erdbeeren und Rollmöpse (lettisches Nationalgericht) und Matjesfilet. Die Fische sind eingelegt, und für unsere Vorratshaltung gedacht, die Erdbeeren wollen wir heute Mittag verspeisen. Am Parkplatz angekommen überrascht uns der Parkwächter mit seinen Gebühren. Wir bezahlen nur einen Lat, etwa 1,40 €, für zwei Stunden. Wir hatten mit dem Doppelten gerechnet. Auf dem Busparkplatz sehen wir sogar einen solchen Bus, wie der, der uns von Tallinn nach St. Petersburg bringen wird. Dieser Lux-Express bereist das gesamte Baltikum.

Wir fahren weiter zu unserem nächsten Ziel. Der Campingplatz Apikales. Herrlich ist es dort, wunderschön und sehr gepflegt. Kaum haben wir uns angemeldet, wird für uns an der Rezeption die deutsche Flagge angebracht. Die englische Flagge ist schon oben, also wissen wir, welche Sprache heute dran ist. Wir haben die Auswahl, wo wir stehen möchten: Auf Rasen, oder auf einer eigens hergerichteten Plattform für Reisemobile. Auch da haben wir noch Auswahl. Neben jeder Plattform mit zwei Fahrspuren, gibt es eine Holzterrasse mit Tisch und Bänken. Der Ausblick auf den See, lässt die „Seele baumeln". Es gibt Holz zum Grillen, Grillvorrichtungen, super eingerichtete Küche, Duschen vom Feinsten, so richtig wie zu Hause, mit Schiebetür, mehrfach verstellbaren Duschköpfen, alles ist sehr gepflegt. Das ist der schönste Campingplatz, den wir auf dieser Reise bisher gefunden haben. Geklapper der Störche, die bis vor unsere Tür stolzieren, Spechte zimmern ihre Häuser, Ruderboote zur freien Benutzung, alles strahlt herrliche Ruhe aus. Wir treffen Colin und Poppy aus England. Sie sind seit vierzig Tagen unterwegs. Wir quatschen, lachen und scherzen. Am Abend treffen wir uns zu einem Glas Wein. Wir kamen bei dreißig

Grad hier an, Wärme, die man nur genießen kann. Als es kühler wird, zu kühl, um weiter draußen zu sein, sitzen wir zu uns in die Casima. Die Inhalte der beiden Bordküchen werden zu einem Imbiss zusammen gefügt. Es gibt noch <schwarzen Riga Balsam>, einen Kräuterschnaps, und wir verbringen einen richtig schönen Abend. Auch die beiden aus England meinen, sie hätten bisher auf der Reise noch keinen Abend mit anderen Menschen verbracht. Es sind ja auch bisher nicht so viele Entdecker unterwegs. So haben wir viel gelacht, herzhaft gelacht, besonders über die Beschreibungen der Menschen, die Colin beschreibt. Colin hätte den Komiker abgeben können, aber das mit einem typisch englischen Humor. Er stand dann immer wieder auf, um z.B. den Mann zu imitieren, der die Wäsche in einstündiger Aktion am Fahrradständer des Autos aufhängte, während die Frau nur begutachtend daneben stand. Die beiden wollen 1/2 Jahr unterwegs sein, und es würde uns nicht wundern, wenn sie uns in Deutschland besuchen. Nicht schlecht: Internationales Reisemobiltreffen bei uns in Ehrenstetten. Die Australienrinnen kommen im Juli, mal sehen was noch wird. Wir beschäftigen uns jetzt erstmalig mit unserem Zeitplan, denn die Fahrt von Tallinn nach St. Petersburg hat ja fixe Daten. Noch sind wir in Lettland, und Estland kann ruhig noch ein paar Tage auf uns warten.

13. Mai

Heute Nacht war ein ziemlich kräftiges Gewitter. Da wir zwischen zwei Blockhäusern stehen, die höher sind als unser Auto, die beide Fernsehantennen haben, und außerdem im Umkreis noch hohe Bäume sind, hat uns das nicht weiter gestört. Wir sind zwar wach geworden, aber auch das ist nicht wirklich schlimm. Heute Morgen haben wir uns dann gewundert, als es beim Aufwachen schon fast halb zehn war. Macht nichts, wir haben ja heute alle Zeit der Welt. Gemütlich genießen wir die heißen Duschen. Die sind ja fast wie zu Hause, aber das sagte ich ja bereits. Dann gibt es Frühstück, der Kaffee duftet und wir leben heute mal einfach in den Tag. Gegen Mittag lassen wir eine Waschmaschine laufen, sitzen in der warmen Sonne, schauen auf den See und schauen den Schatten auf dem Wasser zu. Zum Aufhängen der Wäsche gibt es einen besonderen Platz, fast ein Häuschen. Ein Schindeldach, das dem Schwarzwald alle Ehre machen würde, schützt die Wäsche vor eventuellem Regen. Die Leinen sind gut gespannt, und es gibt Wäscheklammern!! So bleiben unsere eigenen heute in der Heckgarage. Die Wäsche kann flattern, es ist einfach schön.

Nach einem Kaffee, machen wir uns auf den Weg nach Cesis. Das ist ein kleines Städtchen, das sehr unter den Besatzern gelitten hat. Die Sowjets waren lange hier. Cesis ist eine kleine lebhafte Stadt, die im Mittelalter die Hauptstadt des Landes Lettland war. In der Neuzeit waren die Russen dann bis zur Nazizeit hier, und dann wieder von 1945 bis 1991. Obwohl die Wachtürme allgegenwärtig sind, obwohl oft an diese Zeiten erinnert wird, gibt es immer wieder Veranstaltungen, die uns erschaudern lassen. Auf der Fahrt fanden wir Hinweise auf einen Bunker der Russen, der erst vor kurzer Zeit entdeckt wurde. Dort kann man sich samt Kleidung und Bespitzelung in die Besatzungszeit versetzen lassen. Auch hier in Cesis ist ein Bunker in 5 m Tiefe, wo man die Besatzungszeit nachempfinden kann. Dazu kann man sogar ein sowjetisches Essen bestellen. Die Nachfrage scheint ja den Bedarf zu regeln. Wir möchten nicht dorthin, wir machen einen Bummel durch die wirklich schöne Stadt, gehen in ein kleines, nettes Restaurant zum Essen und kaufen im Supermarkt noch ein. Unsere Mineralwasserbestände müssen aufgefrischt werden. Danach geht es zurück zum Campingplatz und wir beschließen den Tag „bei uns zu Hause“.

14. Mai

Heute gibt es einen Ruhetag. Wir machen eine kleine Wanderung, um die Gegend zu erkunden, und dann genießen wir in unsern Liegestühlen den Tag.

15. Mai

Um sieben Uhr heute Morgen bin ich aufgestanden, um eine Fotoserie zu machen. Frei nach Matthias Claudius haben wir sein Abendlied auf den Morgen verlegt und uns von den herrlichen Lichtspielen verzaubern lassen. Und aus dem *„See da steiget, der weiße Nebel wunderbar“*. Die Morgensonne saugt das Wasser in feinen Nebelwölkchen vom See auf. Zwei Schwäne ziehen gemächlich ihre Bahn und hoffen, von uns zum Frühstück eingeladen zu werden. Das ist deutlich zu früh, es gibt eben Fotomotive, die nur zu bestimmten Tageszeiten zu bestaunen sind. Danach tut uns noch ein Stündchen Matratzenhorchdienst gut.

Nach dem Frühstück machen wir uns auf den Weg nach Estonia, Estland. Ein herrlicher Tag heute, ein herzlicher Abschied auf dem Campingplatz, und die deutsche Fahne, die inzwischen von NL und CH flankiert wurde, darf erst mal wieder ins Haus.

Wir fahren Nebenstraßen, um im letzten Ort vor dem Länderwechsel noch einmal zurückzuschauen. In Ainazi, einem kleinen Dorf, halten wir an. Es gefällt uns aber nicht so gut, um einen Spaziergang an der Ostsee zu machen. Wir biegen einfach links ab, obwohl „James" meint, rechts sei besser. Unsere Spürnasen bescheren uns einen Minigrenzübergang nach Ikla. Der alte sowjetische Wachturm steht noch und „schwups" sind wir in Estland. Es gibt eine kleine Straße am Meer entlang, und diese ist sogar prima zu befahren, keine Schlaglöcher, immer wieder den freien Blick auf die Ostsee, und in Kabli gibt es sogar einen Kaffee. Wir sind wieder in einem Euroland angekommen. Wir machen einen kurzen Spaziergang an der Ostsee, und wir wenden den Blick nochmals zurück nach Lettland. Über 30 km Sandstrand sollen es hier sein, teils in Lettland, teils in Estland. Es gibt Immer wieder Ferienhaussiedlungen, Spielplätze und Badeplätze.

Wir wollen bis Pärnu, kurz vor dem <Finnischen Meerbusen>. Am Fluss Pärnu gibt es einen Campingplatz, den <Konse Motel - Caravan Camping> mit einem kleinen Gasthaus.. Wir stehen direkt am Fluss, und das Einzige, was hier nicht funktioniert ist der SAT-Empfang für unsern Fernseher. Trotz vieler Versuche, Astra will nicht. Egal, es geht auch mal ohne deutsche Nachrichten. Hier treffen wir mehrere Reisemobile aus Deutschland, aber auch Finnland ist stark vertreten. Wir sind direkt am Fluss und schauen den Ruderern zu. Wir möchten noch ein Stück laufen, das muss noch sein. Unser eigenes „Fahrgestell“ ist auch daran gewöhnt, täglich bewegt zu werden, und nach der Fahrt wollen wir das unbedingt noch.

16. Mai

Pärnu, eine besondere Stadt in Estland, das "Baden-Baden" Estlands. Wir haben uns gestern Abend noch auf die Sohlen gemacht, um festzustellen, ob wir einen ganzen Tag für dieses Städtchen haben möchten. Ehrlich gesagt, nein, denn wie so oft, die Kirchen sind geschlossen, <kleine Stadt mit wenig Flair, Geschäfte zu und Straßen leer>. In der Fußgängerzone, jaaaa, die gibt es hier, sind nur wenigen Menschen zu sehen. Riesige Plätze und weite Straßen zeugen immer noch von den Paraden der Russen. Hier herrschten sie bis 1991. Im Gegensatz zu Litauern und Letten räumen die Esten so ziemlich alles weg, was an die Besatzer erinnert. Es gibt kaum verfallene Kolchosen, kaum diese ewig nur grauen russischen Dörfer, die genug des Grauens erzählen können. Estland strebt aufwärts und zeigt das auch. Die Straßen, zumindest die Hauptstraßen, begeistern uns, aber auch kleinere Straßen sind meist gut zu befahren. Wir freuen uns auf ein richtig gutes Essen, das wir in Pärnu haben möchten. So schauen wir die Angebote der Restaurants an und treffen eine Entscheidung. Erwähnenswert bleibt davon nur, dass der Preis durchaus westlich war, alles anderer verschweigen wir. Erfahrungen tun weh oder kosten Geld, wehgetan haben sie nicht. Der Campingplatz „ Konse“ wird also kurzerhand verlassen und wir machen uns auf den Weg „auf die Insel“. Erneut fahren wir in den Bauch eines Schiffes, und so nach etwa 30 Minuten auf der Ostsee, erreichen wir die Insel Muhu. Diese werden wir auf der Rückfahrt anschauen. Ein Deich verbindet Muhu mit Saaremaa. Hier soll die beste Luft sein, das wärmste Meerwasser, und dann noch für uns ein gutes Plätzchen. Kurz vor der Stadt Kuressaane, das könnte man ja fast ableiten vom lateinischen CURA SANAT, die Kur heilt, gibt es einen Campingplatz mit vier Sternen. Da dieser am B-Loch der Natur ist, ist niemand außer uns da. Die Stellplätze sind riesig, die Wege weit, die Sanitärblocks sind geschlossen, bis auf ein Häuschen, das für uns benutzbar gemacht werden soll. Wir fahren lieber weiter. Es gibt ein Hotel, das sich Sanatorium nennt. Es soll einen SPA Bereich mit allem, was man wünscht haben, und dazu Stellplätze für Reisemobile. Hurra, das ist es wirklich. Wir werden mit einem tollen Blick auf den Hafen, auf die Burg und natürlich auf die tiefblaue Ostsee empfangen. Der Sommer ist da. Direkt am Meer, und auch jetzt am späten Nachmittag noch 23 Grad draußen. Wir werden verwöhnt. Die Sonne küsst uns zwei on Tour, herrlich! Wir checken ein, können Schwimmbad, Sauna und auf Wunsch das ganze Wellnessprogramm nutzen. Jetzt erkunden wir zuerst einmal bei einem Spaziergang wo wir „gelandet“ sind, und dann beschließen wir, morgen vor dem Frühstück ein paar Bahnen im richtig großen Pool zu ziehen. Wir sind mit der Welt und mit uns zufrieden.

17. Mai

Der Tagesbeginn unterscheidet sich heute ganz erheblich vom Alltäglichen. Es gab mal wieder ein nächtliches Gewitter, aber die Nachttemperatur ging nicht unter 17 Grad. Morgens begrüßt uns dann schon der blaue Himmel, die paar

Restwolken stören uns nicht. Der erste Weg führt uns, wie geplant, ins Hotelschwimmbad. Eine Finnin kommt hinzu und zeigt uns die Finessen des Bades. Massagedüsen, Gegenstromanlage, Wasserschwall, echt gut. Schade, dass wir mit den Finnen, die hier sehr oft anzutreffen sind, nicht gut reden können. Besser gesagt, wir verstehen absolut gar nichts, aber umgekehrt ist es genau gleich. Dennoch, mit Händen und Füßen klappt es auch. Es kommen noch etwa 6 Leute dazu, alle Finnen. Dann kommt eine Dame, die Physiotherapeutin für die Wassergymnastik. Wir werden gleich zur Teilnahme eingeladen, und so verschleudern wir heute unsere Frühstückskalorien, schon bevor wir sie verspeist haben. Danach noch ein paar Bahnen schwimmen, wir haben unsern Spaß und lassen uns von netten Damen anleiten, wie man anschließend hier in die Sauna geht. Das bedeutet, wir machen einen Saunagang und entspannen die schon gedehnten Muskeln. Duschen und ab zum Frühstück. Jetzt haben wir so richtig klasse den Tag begonnen. Nach dem ausgiebigen Frühstück, setzen wir unser Vertrauen auf Schusters Rappen und schauen die Stadt an. Endlich wirklich einmal ein Städtchen, wo Einheimische den Alltag leben und wir teilhaben dürfen. Ein kleiner Markt mit handgestrickten Sachen, etwas Holzarbeiten, besonders aus Wacholderholz, fast so, wie wir es in Schweden gesehen haben. Wir schauen dem Treiben zu, Inge probiert sogar einen Pullover an, aber die Wolle kratzt zu arg. Es wird warm und wärmer. Schon gegen Mittag beginnt sich der Teer auf den Straßen zu verflüssigen. Wir fahren zu dem - mit fast 110 m Durchmesser recht großen - Meteoritenkrater <Feld von Kaali>. Der See besticht durch tiefgrüne Farbe und herrliche Schattenspiele. Dann kommt die lutherische Kirche in Püna an die Reihe. Sie ist in allen Beschreibungen als besonders sehenswert verzeichnet, weil sie aus dem 14. Jhdt. ist.

Das ist <eine feste Burg für unsern Gott>. Die Mauern sind aus dicken felsigen Steinen, aber außen ist es dennoch ein Ziegelbau. Das Dach ist schon neu, aber die weitere Renovierung wartet noch auf Geld. Alles ist modrig, aber man bemerkt sehr schnell, dass hier liebevolle Hände sorgen. Der lange Teppich ist feucht und klamm, aber sauber, Blumen am Altar, die Kanzel geschmückt. Auf der alten Empore gibt es eine kleine, uralte Orgel. Ob die wohl funktioniert? Ich trau mich nicht so recht nach oben, aber da alles offen ist, geht Inge mutig vor. Wir können das kleine Schränkchen zum Spieltisch öffnen, und nach einem Druck auf den Stromschalter bläst sich der früher per Fuß betriebene Blasebalg deutlich hörbar auf. An der anderen Seite der Orgel steht noch ein extra hoher Hocker, von dem aus kräftige Füße den Blasebalg per Pedal füllen können, wenn der Strom mal wieder nicht verfügbar sein sollte. Das Pedal der Orgel ist sicher von einem Schreiner oder Zimmermann vor vielen Jahren gemacht worden. Ich entlocke der Orgel ein paar Töne, und das kräftige "Großer Gott, wir loben Dich" haben wir hier auch als Dank für unsere bisher großartig verlaufene Reise gesehen. Nach einem Marienlied, schließlich ist ja Mai, machen wir uns auf den Weg zu leiblichen Genüssen. Das Auto darf wieder auf dem Platz beim Hotel, Sauna und Schwimmbad stehen, und wir laufen in die Stadt. Alkoholgrenze ist hier 0,0%. Ein kleines Lokal hat annonciert, täglich frischen Fisch zu haben, und darauf warten wir schon lange. Wir ergründen, welchen Fisch es gibt. „Hornhecht", nie gehört, nie gegessen, soll aber gut sein. Das ist er, nicht nur gut, sondern ausgezeichnet. Mit einem Gläschen Soave darf er sich dann auch im Bauch wohlfühlen. Zurück in unserer Casima wollen wir es aber wirklich wissen. Hornhecht, was ist das? Freund Google weiß es: Der Hornhecht ist ein Fisch, speziell an der

Ostsee, weniger an der Nordsee, der sehr aufwendig gefangen wird, und zwar im Mai. Seine Rückengräte ist türkis bis grün gefärbt. Auch der Kopf zeigt grüne Farbzeichnungen. Seit genau drei Tagen weiß man, dass dies eine Reaktion des Stoffwechsels ist, die sich in "den Gräten" zeigt. Unter <Wissenschaft-Fischerei Forscher lösen Hornhecht Rätsel um die blau grüne Färbung> kann man das gut im Internet nachlesen. Wir finden es spannend und sehr interessant, und geschmeckt hat er -wie gesagt- super.

☺ So morgen ist SCF = Sportclub Freiburg Tag. Dann wird sich entscheiden, ob Freiburg in der Champions League spielt. Ob das so gut wäre, das lässt sich auch kontrovers diskutieren. Jedenfalls wollen wir morgen auch weiter kommen, und das haben wir gemeinsam mit unseren Fußballspielern. ☺

18. Mai

Freiburg ist nicht in der Champions League, schade, aber vielleicht auch wirklich besser so. Wir haben eine herrliche Fahrt über die Insel Saaremaa gemacht. Eine kleine Küstenstraße hat uns begeistert. Die atemberaubende „Steinwelt" fasziniert uns, es sind die Zeugen der Eiszeit.

Das Wetter ist nicht ganz klar. Gewitterwolken türmen sich auf, und wir sind froh, dass wir noch im Sonnenschein die Fähre zurück nach Estland, das die Einheimischen liebevoll „Eesti" nennen, erreichen. Ein Campingplatz, der sich ganz gut liest und direkt an der Ostsee liegt, soll nach Berichten von anderen Reisenden geschlossen sein. <Glauben oder nicht glauben>, das ist die Frage. Die Wahl fällt auf eine Alternative. Dann sind wir schon nahe bei Tallinn. Jetzt haben wir uns etwas eingebrockt: <Bitte bei Ankunft Signalhorn = Hupe des Autos betätigen>. Das haben wir zweimal gemacht, aber leider kam keine Resonanz. Bei der Einfahrt zum Campingplatz steht ein Wohnhaus vom Feinsten, aber sonst ist alles ungepflegt und im Wildwest Stil. Da wir aber wirklich nach einem kräftigen Gewitter und Aquaplaning ohne Ende keine Lust mehr haben, eine andere Bleibe für die Nacht zu suchen, klingeln wir am Wohnhaus. Ein fetter alter Hund kommt, ein Mann schlurft hinterher. Ja, wir können bleiben, dann führt er uns an das Ende des Geländes, kein Mensch sonst ist in Sicht, alles öde und leer. Wir fragen, ob wir auf dem Parkplatz bei der nicht besetzten Rezeption bleiben können. Plötzlich wird der Mann sehr freundlich. Klar, das ist möglich, Strom bekommen wir auch, Dusche ist verfügbar, alles soll auch funktionieren. Trotz des stolzen Preises von 23 Euro, bleiben wir hier. Erstaunlicherweise scheint die Dusche sauber zu sein. Die Sauna nebenan wurde kurz vor unserer Ankunft noch benutzt, in der Dusche stand noch das „Duschmittel" vom Vorgänger. Es seien von Zeit zu Zeit Arbeiter da, die die Dusche und die Sauna benutzen. Unsere Vorstellung, jetzt einmal drei Tage an einem Platz zu bleiben, die ist wirklich vorbei. Morgen geht es weiter. Das Verzeichnis für Campingplätze gibt uns Auskunft. Estland ist sehr dünn damit bestückt. Wir entscheiden uns für einen Campingplatz bei einem „SPA Hotel". Hoffentlich wird das was. Jetzt kann man durchaus die Frage stellen, warum ich die Campingplätze nicht immer nenne? Wir haben selbst die Erfahrung gemacht, dass sich ganz schnell viele Dinge ändern können. Ein Campingplatz, der beispielsweise unser Favorit war, bevor wir wieder zu Hause „landeten", war letztes Jahr der volle Reinfall. Umgekehrt haben wir das auch schon erlebt, es war nicht so schön, und bei einem späteren Besuch, fanden wir einen neuen Betreiber dort, und der Platz war ein Vergnügen. Wenn ich also unsere Eindrücke von einem Platz beschreibe, dann ist das keine Gewähr dafür, dass es zu allen Zeiten gut oder schlecht ist. Ich denke, diese Erfahrungen muss man wirklich selbst machen.

19. Mai

Nach knapp sechzig Kilometer Fahrt sollten wir nach der Beschreibung das „SPA Hotel" erreichen. Ja wo ist es denn???? Wir sehen es nicht. Also fragen wir ein paar Männer, die in einer Art von altem Fass auf einem Leiterwagen sitzen. Sie haben noch mehr als genügend Alkohol in sich, ob noch oder schon, das ist eigentlich unwichtig. Dann kommen zwei Jeeps des Militärs. Einer ist total mit Tannenreisig getarnt, und die Soldaten sind mit Tarnfarben bemalt. Ist das jetzt lustig oder nicht? Immer diese blöden Fragen! Nach einigem Hin und Her finden wir das Hotel. Ein sehr freundlicher Herr empfängt uns. Drei Worte englisch kann er auch, aber ob das gerade die sind, die er jetzt brauchen könnte? Macht nichts, denn wir sprechen weder estnisch noch russisch. Das wäre jetzt hilfreich. Wir zeigen ihm den Plan, was das Haus alles anbietet. Das war ihm sichtlich unbekannt. Dennoch sucht er mit Hilfe von allem was er an Freundlichkeit aufbieten kann, uns zum Bleiben zu bewegen. Wir sollen die Duschen anschauen. Der „halbe Keller" ist gespickt mit Duschen und einer riesigen Sauna. Alles für uns, und nur für uns. Niemand wird uns stören, im Hotel gibt es Getränke, Essen ist Fehlanzeige, es sind keine Gäste da. Wir sollen doch vor dem Keller parken, ein paar aneinander gekoppelte Kabel werden uns mit Strom versorgen. Wasser gibt es in den Duschen mehr als genug, und wenn das Fahrzeug nicht gerade steht, wird sich auch noch eine Lösung finden. Er hat keine Chance, wir wollen *nicht* an diesem- sicherlich sehr gastlichen- Ort bleiben.

Lieber fahren wir 120 km an die Ostsee in Richtung russische Grenze, und hoffen dort erneut auf einen schönen Campingplatz, der wiederum bei einem **großen** „SPA Hotel" beschrieben ist. Auf dem Weg wird es noch einmal richtig interessant. Das estnische Militär hat Manöver. Etwa 20 dicke LKWs kommen uns entgegen, getarnt und bis "an die Zähne bewaffnet". Aus jedem Fahrerhaus schaut durch die Luke ein Soldat mit einer dicken Kalaschnikow heraus, Geschützlafetten als Anhänger. so haben wir das bisher nicht wirklich gesehen, und das Pfingstfest, was heute in Deutschland gefeiert wird, ist hier ohne Bedeutung. Wir bekommen von den Soldaten immer ein Lächeln, ein Winken, und aus einem Jeep heraus salutiert sogar ein Soldat für uns. Wir fühlen uns wohl und sicher, trotz dieses Anblicks. Estonia ist sicher nicht das von uns bevorzugte der drei Länder. Wäre nicht St. Petersburg, würden wir sicher morgen Richtung Lettland zurück fahren. So sehen wir es jedenfalls in diesem Moment.

Nach den zwei Pleiten bei den Campingplätzen, haben wir jetzt das richtige Wohlfühlerlebnis. Deshalb nenne ich die Website des Hotels mit Campingplatz. www.toilaspa.ee

Von der Steilküste an der Ostsee haben wir einen herrlichen Blick: Schiffe ziehen vorbei, die Wellen schlagen an die Steilwand, und wir könnten direkt steile Treppen hinunter bis ans Meer. Damit werden wir uns morgen beschäftigen.

Heute haben wir im Hotel feinen Fisch gespeist. Es war ein tolles Angebot vom Buffet, und wieder sind wir begeistert von der Freundlichkeit der Menschen. Auf dem Campingplatz des Hotels haben wir bekannte Gesichter getroffen, und von hier aus können wir sogar das große russisch orthodoxe Frauenkloster besichtigen. Heute Abend zieht erneut ein kräftiges Gewitter über uns weg. Bei über 30 Grad am Tag, bleiben die Wärmegewitter nicht aus. Also bekommen wir das wieder faustdick ab, aber besser jetzt als in der Nacht.

20. Mai

Kloster Pühtitsa in Kuremäe ist unser heutiges Ziel. Das ist das einzige russisch orthodoxe Frauenkloster in Estland, wo heute ca. 150 Nonnen leben. Das Kloster hat die Wirren der Zeit und selbst das atheistische Regime der Sowjetunion überstanden. Die Kommunität unterhält sich völlig autark. Pfingstmontag gibt es hier nicht, und so erreichen wir das Kloster an einem ganz normalen Wochentag. Das heißt, wir erleben den Arbeitsalltag der Klosterfrauen. Das Kloster beherbergt eine herrliche Kathedrale mit vielen Gemälden, Ikonen und reichem Blumenschmuck. Es soll im 17. Jahrhundert gegründet worden sein, aber erst im 19. Jahrhundert wird die Klostergründung dokumentiert, Die Datenangaben sind sehr unterschiedlich, so dass ich da vorsichtig agieren möchte. Auf jeden Fall ist der Besuch dort eine wirkliche Bereicherung. Eine „Heilige Eiche" war der Grund der Klostergründung. An dieser Eiche sei Maria einem Bauern erschienen, so sagt der Bericht. Der Ort ist den Esten heilig, und dem zollen wir Tribut. Wir bewundern wirklich die Schwestern, teils alte Frauen, aber auch quicklebendige Novizinnen, die ihrer Arbeit nachgehen. Rund um die Kirche, die im 20. Jahrhundert erbaut wurde, liegen diverse Gebäude, größere und kleinere, die unterschiedlich genutzt werden. Aus einem Haus erreicht uns der Duft des Mittagessens, in einem kleinen Gebäude verkauft eine Nonne Devotionalien, ganz ähnlich, wie bei uns in großen Wallfahrtsorten, allerdings deutlich bescheidener. Wir kaufen ein Brot aus der Hausbäckerei und versuchen mittels Wörterbuch und netten Gesten etwas Konversation. Vor zwei Gebäuden gibt es ein Gerüst, das wahrlich abenteuerlich errichtet ist. Auf dem Gerüst ist eine alte Holzleiter, und „Schwester Maler / Anstreicher" streicht mit einem kleinen Pinsel die Fassade neu. Das sehen wir an einem anderen Gebäude nochmals. In der Kirche wird geputzt und „gewienert", Kerzenständer werden poliert, Blumen gesteckt und dekoriert.

Auf dem Klosterfriedhof, der uns wirklich angerührt hat, sind Novizinnen dabei, zu fegen und zu schmücken. Vor dem Friedhof arbeitet eine alte Schwester. Sie kommt mit dem Schubkarren, einem selbst gebundenem Reisigbesen und einem Eimer. Ihr rechter Fuß ist ganz nach innen gebogen. Ich denke, ich habe eine Vorstellung warum: Beim Fegen belastet sie immer ihr rechtes Fußgelenk. In den vielen Jahren hat sich das Fußgelenk nach innen verbogen. Dennoch arbeitet sie flink wie ein Wiesel, geht in die Hocke bis auf den Boden, schiebt die zusammengefegte Erde in einen Eimer, dann kommt sie mühsam wieder hoch, um das Material in die Schubkarre zu befördern. Heißt das, wo ein Wille da ein Weg? Es gibt sehr verhärmte Gesichter, man erkennt die Frauen, die "Regiment führen" an deren Ausstrahlung. Aber es gibt auch durchaus das liebenswerte Lächeln und den freundlichen Gruß. Unser erstes russisches DOSWIDANIA lächeln auch wir. Sicher ist, dass wir das in den nächsten Tagen noch öfter zu tun werden.

Im Souvenirshop, der vor den Toren des Klosters ziemlich neu eröffnet ist, trinken wir einen Kaffee, der sogar aus einer Schweizer Juramaschine fließt. Diese Gegensätze sind kaum nachzuvollziehen. Die Technik hat Einzug gehalten, oder den Besuchern wird ebenfalls Tribut gezollt.

Die Rückfahrt bringt uns an den größten See Estlands. Der ist fünfmal so groß wie der Bodensee. Wir beginnen beim Fluss Narva, einem Grenzfluss zu Russland. Die Straßen sind erstaunlich gut zu befahren, und unser Ziel ist der kleine Ort Vasknarva. Hier ist sie zu Ende, die westliche Welt. <600 Meter Sackgasse>. Die Straße wird zum Feldweg, und hier geht wirklich nichts mehr weiter. Wir sehen ein paar russische Häuser auf der anderen Seite des Flusses, wir sehen die uns schon vertrauten Wachtürme und überlegen, ob man uns schon im Visier hat. Wir denken an die menschlichen Schicksale, die sowohl am einen wie am anderen Ufer des Narva - vielleicht heißt es auch „der Narva" - die Menschen gebeutelt haben.

Es gibt auch eine Stadt Narva, und diese Stadt ist die drittgrößte Stadt Estlands. Dort werden wir in wenigen Tagen die Grenze nach Russland passieren <dürfen>. Hier war im 2. Weltkrieg die Narva Front. Deutsche und russische Soldaten haben erbittert gegeneinander gekämpft. Schon 1943 waren hier mehr als 4000 gefallene Soldaten bestattet, sofern man zu der Zeit von „Bestattung“ reden konnte. Der Umbettungsdienst des Volksbundes Deutscher Kriegsgräberfürsorge hat im Laufe der Zeit 10.758 gefallenen Soldaten hier eine letzte Ruhestätte ermöglicht. Die Namen werden auf Kreuzen und Inschriftentafeln dokumentiert, und noch heute wird die Beschriftung fortgesetzt, soweit dies möglich ist.

Wir fahren weiter am See entlang bis Kauski. Durch den See führt ebenfalls die Grenze zu Russland. Einen Grenzübergang gibt es hier nicht.

Mit vielen emotionalen Eindrücken fahren wir zurück auf unsern Campingplatz in Tolai. Für morgen haben wir noch ein Tag an der Ostsee eingeplant.

21. Mai

Wir sind zurück in ***Tolai***, und wir genießen die frische Ostseeluft. Heute wollen wir nur eine kleine Tour, vorbei an der Steilküste der Ostsee, machen. Vielleicht kommen wir irgendwo an den Strand, ohne gleich 200 Stufen klettern zu müssen. Wir fahren los, so 15 - 20 km sind angedacht. Einfach ohne besondere Planung, aber es führt uns kein Weg an den Strand. Wir fahren noch an ein früheres Landgut, das inzwischen wunderschön renoviert ist. Da hat sicher die EU ihren Beitrag geleistet. Einmal links abbiegen, und was ist das???

Wir sehen etwas, worauf Vogelfreunde ewig warten, und wofür Fotografen oft viel Zeit investieren: Eine Strecke von ca. 500 m quer über einen Acker, wo unzählige Wildgänse gerade eine „Rast einlegen“. Wir halten an, und aus dem Autofenster heraus können wir das Schauspiel sogar fotografieren. Wohin wir auch schauen, Wildgänse, aber sie rauschen nicht durch die Nacht, sie fliegen den Acker an. Es werden mehr und mehr, der Anflug hört nicht auf. Sie kommen in Scharen, mal zehn bis zwanzig, mal einfach ein großer Schwarm, und alle landen direkt vor unseren Augen. Wir können uns kaum <satt sehen>, so etwas haben wir noch nie erlebt. Es müssen Tausende gewesen sein. Selbst das Starten unseres Motors stört die großen Vögel nicht. Wir fahren ab, kommen aber fünf Minuten später zurück, weil die Straße einfach endet. Es ist nichts mehr zu sehen, gerade so, als ob dieses <Vogelmeeting> nicht stattgefunden hätte. Wahrscheinlich hat ein landwirtschaftlicher Schlepper die Tiere verscheucht. Wir sind kaum weiter, da sehen wir auf dem nächsten Acker erneut die „Vogelversammlung“. Jetzt allerdings sind sie so weit weg, dass fotografieren nicht möglich ist. Hätten wir sie nicht vorher gesehen, wäre jetzt für uns nicht nachvollziehbar, welch außergewöhnliches Naturschauspiel wir gerade erlebt haben. So, morgen geht die Reise nach Tallinn, und dann naht das ganz besondere Ereignis: ***St. Petersburg***.

22. Mai

In der vergangenen Nacht hat es wirklich fast ununterbrochen geregnet, und es regnet immer noch. Nicht schon wieder!!! Das soll aber morgen spätestens wieder vorbei sein. Wir haben ziemlich viel vorbereitet, so dass wir gegen zehn Uhr in Toila abfahren. James kennt eine Abkürzung, circa sieben Kilometer Schotterstraße, bei dem Wetter einfach eine Sauerei. Naja, das Auto muss sowieso gewaschen werden, also was soll's. Wir erreichen *Tallinn* ziemlich schnell, kaufen noch ein und machen uns auf den direkten Weg zum City Camping. Der City Camping sollte nach unseren Recherchen geeignet sein, um unsere „Casima" dort für fünf Tage zu parken, während wir selbst weg sind. Das sieht aber alles schon <etwas sehr seltsam> aus. Wir sind im Hinterhof von Messehallen. Der junge Mann von der Rezeption hat in einem kleinen Nebenraum eine Matratze liegen, die offenbar sein Nachtlager ist. Wir fühlen uns nicht wohl und erst recht nicht sicher. Dann hören wir noch, dass es keine Bewachung gibt. Es ist eine ganz bedrückende Situation hier. Wir schließen sogar die Türen des Fahrzeugs ab, wenn wir sie nicht im Auge haben. Wir besprechen uns kurz und sind uns sofort einig, dass wir jetzt erst mal die Lage und die anderen Möglichkeiten ergründen wollen. Hierher zurück können wir allemal. Es macht uns nichts aus, mit unserem 7,50 m langen Gefährt durch die städtischen Straßen zu fahren. Zuerst steht der Busbahnhof auf dem Programm. Wir möchten genau wissen, wo unser Bus nach St. Petersburg startet. James, unser Navi, kennt sich aus. „Tom Tom" ist zu empfehlen. Der kürzeste Weg zum Busbahnhof führt natürlich mitten durch die Stadt. Wir erfahren, dass es zwar bewachte Parkplätze gibt, dass aber die Gegend um den Busbahnhof - vereinfacht gesagt - nicht wirklich sicher sein soll. Tallinn ist eine Hafenstadt, wo täglich etliche Schiffe ankommen. Eine weitere Möglichkeit, das Fahrzeug zu parken, soll im Yachthafen sein. Die Beschreibungen für Wohnmobile lesen sich aber nicht als gute

Empfehlung. Wir entscheiden uns, eine Möglichkeit am Fährhafen anzuschauen. Inge vertippt sich bei der Eingabe der Koordinaten, und später wissen wir, dass das eine richtig glückliche Sache war. Wir „landen“ am und im Yachthafen, genau da, wo wir nicht hin wollten. Bei genauerem Hinsehen passt das aber genau für uns: Hier ist ein bewachter Wohnmobilplatz, der junge Mann an der Rezeption spricht gut Englisch, wir können das Auto bewacht stehen lassen. Um seine Aussage zu unterstreichen, bietet er uns den Platz direkt vor dem Büro an, das gleichzeitig Hafenmeisterei ist. Dort sitzt Tag und Nacht jemand an der Schranke; alles ist zusätzlich mit Video überwacht, und nochmal zusätzlich macht ein Sicherheitsdienst nächtliche Rundgänge. Dass die Sicherheit für uns hier erste Priorität hat, ist schon mal klar. Kosten 14 € für 24 Stunden, inclusive Strom, was wollen wir mehr. Wir stehen mit einigen Reisemobilen unmittelbar neben den teuren Yachten, die hier gebaut und gehandelt werden. Ein paar Angler warten auf das Abendessen.

Wir sind im Olympiazentrum von 1980. Hier war das Olympische Dorf, hier waren die Ruder- und Segelwettbewerbe, und hier war es auch, wo der Westen die Olympiade blockiert hat. Dazu zitiere ich die „Sportschau von 1980:

Zitat: *Mit ihrem Einmarsch in Afghanistan Ende 1979 verändert die Sowjetunion nicht nur die politische Landkarte, sondern auch die Geschichte der Spiele. Die USA reagieren mit spektakulärer Symbolpolitik: Sie beschließen den Boykott - gegen den Willen zahlreicher heimischer Athleten. Auch die Bundesrepublik, Japan, Kanada, Norwegen und Kenia bleiben Moskau fern. Unter den 81 teilnehmenden Nationen, darunter Großbritannien, Spanien, Neuseeland, Dänemark, Australien, Portugal und Irland ist schließlich auch Afghanistan. Einer der Leidtragenden des westdeutschen Boykotts ist Zehnkampf-Weltrekordler Guido Kratschmer aus Mainz. Als Zuschauer verfolgt er den Sieg des Briten Dailey Thompson mit einem nur mäßigen Ergebnis. "Dieser Wettbewerb war zu gewinnen", lautet Kratschmers bitterer Kommentar. Ein Nachspiel hat der Boykott auch für NOK-Präsident Willi Daume. Er verliert die Wahl zum IOC-Präsidenten gegen Juan Antonio Samaranch aus Spanien. "Der olympische Boykott war eines der berühmtesten, aber widersinnigsten, überflüssigsten und politisch wie sportlich schädlichsten Ereignisse", kritisiert Daume damals.* Zitatende.

Jetzt sind hier funktionierende Werften, Segelschulen, Moorboote, ein großes Hotel und wir sind auch da. Der Luxus hat Einzug gehalten. Die Marktwirtschaft ist hier wirklich angekommen. Was fehlt? Für uns gescheite Duschen, die sind an den Tennisplätzen, etwa zehn Minuten entfernt. Die Toilettenanlagen gehören zu den Werften, und sie sind so, wie vier – fünf WCs sind, wenn sie den ganzen Tag von unzähligen Leuten frequentiert werden. Wir sind sehr froh, dass wir unser eigenes WC haben. Wir haben wirklich Hunger - wissen wir eigentlich, was wirklicher Hunger ist, NEIN, und dennoch gehen wir etwas essen. Ein kleineres Restaurant im Sportzentrum ermöglicht es, unsern Hunger zu stillen. Danach folgen ein Spaziergang und ein Geistesblitz. In unmittelbarer Nähe zum Yachthafen gibt es ein großes Hotel, das aufwendig saniert wurde. Es gehörte damals zum olympischen Dorf. Das Schwimmbad hat entsprechende Größe, und alles, was zum Sanitärbereich und zur Sauna gehört, ist bestens gepflegt und sehr modern. Und jetzt kommt der Geistesblitz: Ich frage im Hotel, ob wir für morgens eine Möglichkeit bekommen können, eine Runde zu schwimmen, gegen Eintrittsgeld versteht sich. Schwimmen sei unser absoluter Lieblingssport, und bei den tollen Anlagen wäre das der richtige Tagesbeginn für uns. Die Dame an der Rezeption ist verwundert, diese Frage war ihr wohl noch nie gestellt worden. Sie telefoniert und antwortet dann, dass wir herzlich willkommen sind. Wir können kommen, wann und so oft wir wollen, keine Reservierung, kein Geld, nur <WELCOME>. Dusche, Schwimmbadbad, Sauna, alles vom Feinsten; das werden wir morgen früh testen.

23. Mai

Vor dem Frühstück starten wir sportlich in den Tag. Duschen, Schwimmen, Sauna, superschön, dann frühstücken wir, um fit für die Altstadt zu sein. Ob sich wohl hier viel verändert hat, im Vergleich zu unserem Besuch 2003? Wie immer in solchen Städten wird vor Taschendieben gewarnt. Gleich entdecken wir solch einen Typen, der sich von dannen schleicht, als er bemerkt, dass wir ihn durchschaut haben. Die Altstadt ist Weltkulturerbe, und alles ist sehr auf Tourismus fixiert. Wir schauen, gehen durch die Straßen und Gassen, und wir lassen uns kurze Zeit fast schieben, denn es sind wieder Schiffe angekommen. Die Schiffstouristen haben einen Aufkleber an der Kleidung, und so weiß man schnell, dass es mindestens ...x.., wenn nicht noch mehr Gruppen sind. Der große Rathausplatz wird von Gasthäusern begrenzt. Diese sind von den Schiffstouristen bevölkert, AIDA, MSC, Fähren und Omnibustourismus, alles ist vertreten. Die Gruppen sind unverkennbar. Das ist auch dem Marketing vor Ort klar. Der Tourismus boomt und wird gefördert. Vor jedem Lokal steht ein "Aufreißer", der entweder mittelalterliche „Klamotten“ trägt, oder gar den „Wikingern entsprungen ist“. Überall gibt es hausgemachtes Essen, das als <home-made Burger> angepriesen wird. Einheitspreis 14 Euro. Da war doch ein nettes Brauereilokal! Dort haben wir doch 2003 gegessen, blöd, aber wir wollen wissen, wo das war. Vorher machen wir uns auf, Kultur pur zu genießen. Die Nikolai Kirche, unser erstes Ziel, ist leider geschlossen. So wird es nichts mit dem „Totentanz von Bernt Notke“. Wir besuchen das ***Schwarzhäupterhaus***, die Adelspaläste, die Heiliggeistkirche mit der Uhr aus dem 17. Jahrhundert, und dem Flügelaltar von Bernt Notke. Die Uhr war die erste öffentliche Uhr in Tallinn, das übrigens früher Reval hieß. Wir sehen in der Kirche die dänische Flagge, die die Dänen zur Erinnerung an die dänische Herrschaft an die Esten übergaben. Der Name *Tallinn* leitet sich sogar aus der dänischen Sprache ab und heißt dänische Burg. Wir schauen und staunen, aber wir sind auch wirklich entsetzt über die Preise hier. Der Preis sollte ja immer der Vergleich zur Volkswirtschaft sein, und „Tallinn“ kann sich die Durchschnittsbevölkerung sicher nicht leisten. Wir finden auch die Brauereigaststätte, wo wir vor zehn Jahren waren. Uns vergeht der Hunger und erst recht der Appetit. Auch hier gibt es die <home-made Burger für 14 €>. Wenn schon Burger, dann „edel“, also bei dem, der sie so sehr bekannt gemacht hat. Wir gehen zum Mac Donalds, Burger Menü 4,80 €, der Kaffee ist auch zum normalen Preis zu haben. Das passt dann wieder zusammen. Nach dem „köstlichen Mahl“ erlaufen wir weiter die Stadt. Wir lassen den großen gotischen Marktplatz noch einmal auf uns wirken, und beschließen dann, zurück zu unserer Casima zu fahren. Da wir gerade keinen passenden Bus finden, und außerdem für morgen in aller Frühe noch ein Taxi organisieren müssen, zudem noch unsere Füße total "verlaufen" sind, fahren wir per Taxi zurück. Unser Fahrer, Alexander, wählt den kürzesten Weg, ist nett und fährt gut. Wir fragen ihn, ob er uns zur frühmorgendlichen Zeit, um 5.15 h abholt und zum Busbahnhof fährt. Er sagt zu. Die Koffer für St. Petersburg sind gepackt, und jetzt startet der spannende Teil in die uns unbekannte Welt. Wir gehen zeitig ins Bett, noch ein Blick auf die Ostsee, der Wecker ist gestellt, und wir hoffen, dass alles so funktioniert, wie wir es möchten. Jetzt kommt alles zum Einsatz, was in Deutschland mit viel Freude und Aufwand vorher organisiert wurde. Der Bus, die Visa, die Stadtführungen, da wartet viel auf uns. Sergej unser russischer Guide schickt noch eine E-Mail. Er würde uns gern vom Bus abholen, und uns dann, verbunden mit einer kleinen Stadtrundfahrt ins Hotel bringen. Das ist doch ein toller Einstieg.

24. Mai

Wir schauen aus dem Fenster, der Himmel zeigt sich wesentlich klarer als gestern, und Alexander, unser Taxifahrer, ist schon um fünf Uhr da. Wir steigen aber erst, wie ausgemacht, um viertel nach fünf ein. Auf los geht's los zum Busbahnhof. Da zu dieser Zeit noch kein großer Verkehr auf den Straßen ist, sind wir frühzeitig am Busbahnhof. Wir vereinbaren mit Alexander, dass er uns auch wieder abholen soll, wenn wir am 29. Mai von unserer Tour zurückkommen. Seine Zuverlässigkeit soll belohnt werden.

Der Busbahnhof gleicht einem Flughafenterminal. Hier drängelt aber keiner, das ist in diesen Ländern sowieso nicht üblich. Es ist eben alles geregelt gewesen, um nicht zu sagen, alles wurde gemaßregelt. Die angenehme Seite ist, dass gewisse zwischenmenschliche Regularien nach wie vor eingehalten werden. Der Bus kommt. Das Gepäck wird kontrolliert, bekommt einen Gepäckzettel wie im Flugzeug und wir steigen ein. Erste Passkontrolle, erste Visumkontrolle und erste ganz klare Gesichtskontrolle. Auf unseren reservierten Plätzen liegt das Frühstück bereit, Kaffee, Tee usw. holt man sich selbst aus der Maschine. Die liefert recht gute Produkte, also gibt es feinen morgendlichen Kaffee. Zwei Minuten vor sechs startet der Bus, denn alle, die angemeldet sind, und das sind sieben Leute, sind da. Ohne Anmeldung geht nichts, also kann der Bus auch früher abfahren. Wir kuscheln uns in unsere weichen Polstersessel, klappen die Rücklehnen zurück und die Fußlehnen hoch, Musik wollen wir nicht, iPad ist nicht dabei, also brauchen wir auch kein W-LAN, das kostenfrei angeboten wird. Wir dösen in den noch jungen Tag hinein, denn bis Narva ist uns die Strecke schon bekannt. Es ist wirklich ein Luxusbus, und in Estland sind die Straßen ziemlich gut. Wir selbst bevorzugen die gelben Straßen, die sind weniger befahren als die Autobahnen, und deshalb sind sie in gutem Zustand. Der Bus nimmt natürlich die rote Straße, die wir aber schon kennen. So gibt es auch noch nichts zum Schauen, denn die Waldstrecken ziehen sich Kilometer um Kilometer. Bei den Warnschildern vor Elchen denke ich immer, ich würde gern mal einen sehen, so richtig frei, wie bei uns die Rehe, die man manchmal sieht. Wenn ich mir dann vorstelle, warum gewarnt wird, dann reichen mir auch die unzähligen Wildgänse, die wir gesehen haben. Unfälle mit Wild sind meist keine Bagatellen. Inge döst auch noch vor sich hin, und sie kommt mit jedem Kilometer ihrem Geburtstagsgeschenk näher. Der Bus läuft ja schon als erster Teil des

Familiengeschenkes, der zweite Teil ist das Visum, das wir gleich brauchen werden.

In Narva überqueren wir den Grenzfluss Narva, der Estland von Russland trennt. Doch halt, so schnell geht das ja alles gar nicht. Wir verlassen nicht nur den "Schengen Raum", das tun wir bei uns zu Hause ja auch, wenn wir in die Schweiz fahren. Wir reisen in die RUSSISCHE FÖDERATION, wie es korrekt heißt, und das sieht so aus: Estonia, so heißt Estland, hat erst einmal das eiserne Schiebetor zu. Auf dem Ärmel einer Uniformierten lesen wir das uns bekannte Wort Politsei. „Frau Politsei" kontrolliert die Pässe. Derweil entfernt der 2. Busfahrer die Radkappen. Die Fahrer wechseln noch Geld, wir wissen nicht warum, und nach kurzer Zeit wird das Eisentor geöffnet, und hinter uns natürlich ganz schnell wieder geschlossen. Dabei wollen wir doch jetzt nach Russland, falls man das noch so sagen darf. Eigentlich könnte er das Tor ja auflassen, aber bestimmt kommt bald der nächste Mensch oder das nächste Auto, das die Grenze überqueren will. Rechts und links ein hoher Käfig aus Draht, der erinnert an Transportgitterboxen, nur eben viel größer. Schlafen tut niemand mehr, jetzt bloß keinen Foto auspacken. Der Bus hält vor dem nächsten Tor, die Narva haben wir überquert, und eigentlich sind wir schon in Russland, aber so einfach ist das nicht zu machen. Wieder kommt ein Uniformierter, Pässe, Bild zeigen. Wir verstehen zwar nichts, aber wir sind ganz sicher, genau verstanden zu haben, was er meint. So ist es dann auch. Und jetzt? Der nächste kommt. Ob die Menschen hier lachen können, „schießt" es mir durch den Kopf. Muss wohl an den „Schießeisen" gelegen habe, die die armen Kerle mit sich herum tragen müssen. Die Frage ist: Was macht jetzt Nummer drei? Visumkontrolle! Dann Tor auf, Schranke, alles aussteigen. Gepäck mitnehmen. Wir kommen in einen Raum - jetzt hatte ich gerade Traum geschrieben - aber das ist Realität, wir kommen in einen Raum, der aussieht wie der Wartesaal eines uralten Bahnhofes. Allerdings gibt es keine Sitzgelegenheiten, nur weiße Streifen auf dem uralten, grauen Steinplattenboden. Jetzt kommt die Kontrolle der Koffer. Wie beim Sicherheitscheck im Flughafen laufen die Koffer über ein Band. Wo etwas unklar ist, muss der Koffer geöffnet werden. Wir kommen ohne Öffnen der Koffer durch die strengen Blicke, die unter den tellergroßen Mützen hervorschauen. Dann das Kabäuschen, ich bin ganz stolz, das Wort gibt es sogar im Duden, mit der noch strenger blickenden Dame. Den Pass, das Visum und den ausgefüllten Ein- und - Ausreisezettel will sie haben. Zum Glück hat das Millimeterpapier der auszufüllenden Kästchen dem Gekritzel im fahrenden Bus Stand gehalten. Pass ins Lesegerät, 2. Gesichtskontrolle, Visum ins Lesegerät, Datenabgleich, Einreise - Ausreisezettel verglichen, uff, zwei Stempel donnern auf und in die Dokumente! Der Koffer kommt wieder in den Bus, einsteigen, es geht weiter. Neeee, weit gefehlt! Ich wollte mir gerade einen Kaffee holen, aber da war ich doch- flink wie ein Wiesel – wieder am Platz. Der nächste Uniformierte kommt zur Passkontrolle. Gesicht zeigen, ohne „bitte“, das Wort scheint unbekannt, Vergleich mit den Fotos, die zum Glück den Test bestehen. Es geht weiter, und wir merken sofort an den Straßen, wo wir sind. Wir fahren vorbei an alten Holzhütten, die bei uns nicht einmal als Hühnerställe tauglich wären, sehen alte Mütterchen (vielleicht sind sie ja gar nicht alt) am Straßenrand sitzen, um Kartoffeln zu verkaufen, sehen Kolchosen und Wachtürme. Manchmal kommt ein etwas neueres Dorf ins Blickfeld, aber dann mit Sichtschutz. Straßenbauarbeiten, die Schnellstraße soll wohl bis an die sogenannte internationale

Grenze gebaut werden, und wieder Kilometer um Kilometer unbewohnte Waldfläche. Schneller, als wir es erwartet hatten, biegen wir auf eine prächtige Autobahn ein. Riesige Brückenkonstruktionen, Beleuchtung ohne Ende. Es geht auf St. Petersburg zu. Dann Endstation, der Fahrer sagt zu uns: „Finish here". Wir steigen aus, und da stehen wir in. St. Petersburg. Irgendwie haben wir das Gefühl, es stimmt was nicht. Wir sind eine halbe Stunde früher als erwartet, Sergej nicht da. Wir warten erst mal. Dann kommt eine SMS. Zum Glück hatte ich Sergej noch meine Handynummer mitgeteilt. Der Busfahrer hat den baltischen Bahnhof einfach zur Endstation erklärt, statt an den großen Busbahnhof zu fahren. Dort wartet Sergej. Es geht weitere zwanzig Minuten, dann kommt er. Er ruft bei <Lux Bus> an, denn so geht es auch in Russland nicht. Dennoch machen wir eine kleine Stadtrundfahrt. Sergej meint, die Stadt solle uns begrüßen, und wir sollen ankommen. Er trägt unser Gepäck ins Hotel. Was ist dort los? Wir verstehen nichts, bis uns Sergej erklärt, das Hotel sei ausgebucht, und unsere Buchung ist verschlampt worden. Zum Glück ist Sergej da, denn die englischen Sprachkenntnisse der Leute im Hotel sind nicht ausgeprägter als das, was sie gerade für ihre Job brauchen. Nach einer kurzen Besprechung erklärt uns Sergej, Confitel, die Hotelkette, hätte mehrere Hotels in der Stadt. Das weiß ich auch, die habe ich ja bei der Buchung schon angeschaut. Wir sind richtig gespannt, was auf uns zukommt. Wir bekommen ein Upgrade, ein besseres Hotel und ein besseres Zimmer. Es dauert fast zwei Stunden, bis der „Hotelfahrer" uns abholt. Dann kommen wir ins "Prima Vera" am Nevsky Prospekt. Der Nevsky Prospekt ist „DIE" Prachtstraße von Petersburg, Sie führt von der Admiralität zum Bahnhof und misst ca. 4,5 Kilometer. Wir haben ein großes Schlafzimmer mit TV, ein Wohnzimmer mit

Couch, mit zwei Sesseln, Kühlschrank und ein großes Bad. Für die Verhältnisse in der Stadt und das, was wir bezahlt haben, ist das Luxus pur. Drei Fenster geben uns Ausblick auf den „Prospekt", was so viel wie Boulevard heißt. Wir machen noch eine erste eigene Stadterkundung. Wie meist bei solchen Erkundungen, laufen wir deutlich mehr als geplant, und gehen dann in ein Restaurant, das sich unten im Haus befindet, in dem auch das Hotel ist. Da haben wir einen guten Griff getan, das Essen schmeckt prima. Wir sind angekommen in St. Petersburg, und wir fühlen uns wohl. Morgen geht die Tour hier wirklich los. Sergej hat für uns „Anna als Guide geplant" und sie wird uns um zehn Uhr am Morgen mit dem Fahrer, auch einem Sergej, abholen, um mit uns den Tag zu gestalten. Wir haben wieder eine Stunde Zeitverschiebung, der Tag war lang, gute Nacht.

25.Mai

Der erste Morgen in St. Petersburg. Wir haben gut geschlafen und werden nach dem Frühstück von Anna und Sergej abgeholt.

Hotels in Petersburg, so wir lassen uns informieren, sind quasi „alle" vertreten: Kempinski, Grand Hotel, Taleon und und und....! Diese sind dann im hochpreisigen Segment, das heißt bis etwa 1000 € pro Person pro Nacht. Selbstverständlich geht auch noch mehr, aber das war dann nicht mehr wichtig für uns, und es ist uns auch gleichgültig. Da solche Hotels für die meisten Besucher nicht erschwinglich sind, haben Hotelgruppen, wie unser Confitel zum Beispiel, ganze

Etagen in den Stadthäusern und Palästen gemietet. Man kommt in einen mehr oder weniger, -meist weniger- schönen Hauseingang. Gewaltige Treppenhäuser, wenn man viel Glück hat, so wie wir, gibt es einen Aufzug. Bei doppeltem Glück, so wie wir es hatten, funktioniert dieser Aufzug sogar, und irgendwo, meist so im 4. Stock, ist das Hotel. Im Hausgang ist unten ein Zimmerchen, das von außen nicht einsehbar ist. Dort sitzt jemand, der jeden sieht, der das Haus betritt oder verlässt. Wir haben das nur bemerkt, weil gestern Abend, als wir vom Essen kamen, dort der Fernseher lief. Die Situation ist für unsere Vorstellungen ungewöhnlich, aber es funktioniert.

Wir haben gut geschlafen, und so sind wir auch fit, als uns "unsere Anna" pünktlich um zehn Uhr abholt. Unten wartet der Fahrer Sergej mit einem ganz neuen Auto auf uns. 700 km sind erst auf dem Tacho. Das neu glänzende Fahrzeug fällt auf. Es gibt sehr große, teure Geländewagen hier, die deutschen Marken Daimler Benz, Audi und BMW sind im Hochpreissegment bestens vertreten, auch Porsche Cayenne. Die Geschwindigkeit ist in der Stadt auf 60 km/h begrenzt. Bis 80 km/h ist die Polizei nicht interessiert, und entsprechend wird in der fünf Millionenstadt gefahren. Bangkok ist wirklich vergleichbar. Anna und Sergej sind total nett, und Anna hat genau den richtigen Instinkt, wann man wo sein sollte. Wir fahren durch die Stadt, nochmal ein Überblick, und dann steigen wir an der Blutskirche aus. Richtig heißt die Kirche: <Christi Auferstehungskirche>. Hier wurde Zar Alexander II. im Jahr 1881 durch eine Bombe der Geheimgruppe Narodnaja Wolja, Volkswille, umgebracht. Jetzt ist die Kirche, wie so viele andere auch, zum Museum geworden. Weiter geht die Fahrt auf die Haseninsel zur Peter und Paul Festung und zur Peter und Paul Kathedrale. Wir überqueren die Newa, und wir bekommen eine Vorstellung von den Brücken und vom Treiben in der Stadt und auf dem Fluss.

Diese Kathedrale „St. Peter und Paul" ist die älteste der Stadt, und die Stadt ist selber erst 310 Jahre alt. Morgen dürfen wir den Geburtstag mitfeiern, verrät uns Anna. Die Kathedrale ist gleichzeitig die Grabkirche fast aller Romanow Zaren. Ich will jetzt hier keine geschichtliche Beschreibung aufzeichnen und auch nicht die Bauten beschreiben. Das kann man überall nachlesen. Unsere Eindrücke, unser Empfinden, das will ich festhalten. Wir sehen das Gold und die Edelsteine, und uns wird schnell klar, dass auch in Russland Macht und Gier "Hirn gefressen haben". Immer mehr, immer größer, immer prächtiger wurde gebaut, und das Volk war zu Diensten, bzw. musste zu Diensten sein. Wer nicht angepasst war, nicht gehorchte, und wer nicht dem Zaren ergeben war, kam schlichtweg in den Knast. Damit die Soldaten dort nicht wussten, wer eingebunkert wurde, wurden die Menschen anonymisiert.

Wenden wir uns schöneren Dingen zu, zum Beispiel dem Wodka mit Kanonenschuss. Lange Zeit galt die Zeitangabe per Kanonenschuss mittags um zwölf Uhr als genauste Zeitangabe des ganzen Landes. Seit dem 18. Jahrhundert wird mittags Punkt zwölf Uhr ein Kanonenschuss abgegeben. Das hieß dann auch: Die Stunde des Admirals. Der Flottenchef genehmigte sich dazu einen Wodka. Wir haben den Kanonenschuss nicht nur gehört, sondern auch das Feuer gesehen. Den Wodka haben wir auf den Abend verschoben. Beim Verlassen der Anlage schweift unser Blick auf die nördlichste Moschee der Welt. Unter den Zuwanderern, die freiwillig oder eben gezwungen nach St. Petersburg kamen, waren auch viele muslimische Tartaren. Sie bauten, in Anlehnung an das Gur-Emir-Mausoleum in Samarkand aus dem 15. Jahrhundert, die große Moschee von St. Petersburg. Die Fliesen sind reich geschmückt und mit arabischer Kaligraphie geziert.

Für uns steht heute noch die Fahrt zum Katharinen-Palast auf dem Plan. Das sind gut 25 km außerhalb. Sergej kennt ein kleines regionales Lokal. Wir trinken für ein paar Rubel einen Kaffee, essen einen Imbiss und sehen zum ersten Mal das Leben, das richtig entfernt vom Tourismus stattfindet. Ein modernes Stadtviertel, das immer weiter expandiert. Das gefällt uns. Am „Katharinen-Palast" steht dann schon Sergej, der Chef. Er hat die Eintrittskarten für uns besorgt, und so kommen wir ohne Wartezeit in den Palast.

Schon von außen sind wir überwältigt von der über 300 m langen Fassade des Palastes. Wir sehen den Prunk der Zarin Katharina II. Wir staunen, fotografieren, schauen, hören und fragen. Ideal, diese Führung nur für uns beide, und Anna weiß bestens Bescheid, und sie hat auch schon aufgenommen, was uns interessiert. Manchmal weist sie mich sogar auf spezielle Fotomotive hin. Wir gehen hinein in den Palast und betrachten das wiedererstandene „Wunderwerk Bernsteinzimmer". Die Kopie des im 2. Weltkrieg verschollenen Originals steht dem Original in nichts nach. Seit 1979 arbeiten bis zu 50 <Bernsteinschneidemeister> fast ein Vierteljahrhundert an den aufwendigen Rekonstruktionen der Wanddekoration. Die Ruhrgas AG spendete als größter Importeur von russischem Erdgas 3,5 Millionen Dollar. Zum Glück können wir ganz in Ruhe diese Pracht genießen. Immer wieder entdeckt der Blick neue Motive, neuen Glanz der Steinpracht. Wir sehen auch die Kommode des Originalzimmers und das florentinische Mosaik, das 1997 in Deutschland gefunden wurde. Es wurde von der Bundesregierung zurückgegeben. Mit wirklich „platt gelaufenen Füßen“ und prachtvollen Eindrücken kommen wir zurück ins Hotel. Heute Abend gibt es zum Essen natürlich den obligatorischen Wodka. Na ßdrowje!

26. Mai

Sergej kommt morgens zum Abrechnen. Es ist alles wie vereinbart, zuverlässig ist er wirklich. Dazu macht er mehr, als ausgemacht ist. Wir fühlen uns sehr gut betreut. Petersburg hautnah, das wollen wir erleben, und unter www.petersburg-hautnah.ru kann man die Leistungen abrufen. Sergej klärt noch unsere Rückfahrt mit Lux Bus, denn immerhin haben sie uns ja am falschen Busbahnhof aussteigen lassen. Wir vereinbaren, dass er uns auch zurück zum Bus fährt, so können wir sicher sein, dass alles klappt.

Anna ist auch schon da. Heute geht es also zu Fuß los: Markt, Kathedrale der Muttergottes von Kasan, U-Bahn, Militär-Musikparade zum Geburtstag der Stadt, russisches SB-Restaurant, Isaak Kathedrale, Dostojewski Viertel, Tschaikowski Viertel, Puschkins Wohnhaus, Schlossplatz und um 13.45 h dürfen wir in die „Eremitage“. Allein die Anzahl der Besichtigungspunkte zeigt, was unsere Füße an dem Tag leisten müssen. Blasen an den Füßen und die Notwendigkeit des Schuhkaufs in Russland betreffen mich sehr deutlich. Das wird morgen gleich gemacht. Hoffentlich gibt es passende

Schuhe. Meine Füße, mein Kreuz, da ist alles in Mitleidenschaft gezogen, es geht aber dennoch ohne Murren weiter.

Die Metro ist ein Erlebnis besonderer Art. Wenn man in fremden Ländern Kirchen, Klöster und Museen besucht, weiß man, es gibt meist Anlässe zum Staunen und Bewundern. Das ist auch, oder erst recht in St. Petersburg so. Die U-Bahn ein ganz besonderes Erlebnis, profan, total profan, aber fast unbeschreiblich. Die Rolltreppe bringt uns 120 Meter in die Tiefe. Fast fünf Minuten rollen die mobilen Stufen hinab. Dabei haben wir schon den Eindruck, wir sind in einem Museum. Anna hat eine besondere Linie für den ersten Eindruck ausgewählt, uns verschlägt es fast die Sprache. Wir haben schon viele U-Bahnen gesehen und benutzt, Budapest ist bis dato allen voran, aber St. Petersburg stellt da alles in den Schatten. Auch ist die Sauberkeit erwähnenswert. Kein Papier, keine Kaugummis auf dem Boden, keine Zigaretten, hier ist sowieso Rauchverbot, alles ist wirklich blitzsauber. Die Bahnhöfe sind reine Kunstwerke. Große Mosaiken zieren die Wände. Wenn die Züge kommen, öffnen sich wie von Geisterhand prächtige Schiebetüren. Dann stehen wir sofort im Zug, kein Bahnsteig, keine Zwischenräume, alles hell, prunkvoll und bestens bewacht. Das wollen wir morgen nochmal auf eigene Faust in Ruhe bewundern.

Nach dem Besuch der Kathedrale der Muttergottes von Kasan, einem der größten Heiligtümer der russisch orthodoxen Gläubigen, gehen wir in das russische Lokal. Hierhin verirrt sich so schnell kein Tourist. Da alles im Selbstbedienungsverfahren läuft, sehen wir wenigstens vorher, was wir auf dem Teller haben werden. Anna freut sich, uns diese Welt zeigen zu können. Da heute ein Festtag ist, der Geburtstag der Stadt, steht die Schlange der Menschen zum "Futterfassen" durch das ganze Lokal an. Wir sind zu Dritt, einfacher oder nicht einfacher, das weiß man nicht wirklich. Die Tische sind klein, neben der menschlichen Schlange zur Essensausgabe steht die Menschenschlange zum WC. Davon gibt es nur eins, und wir verzichten dankend auf die Nutzung. Wir finden einen Tisch, Inge hält die Stellung und Anna und ich holen Essen. Wir wollen nur einen kleinen Imbiss, aber die Atmosphäre zu sehen, das war unser Wunsch. Die Speisen sind kräftig und deftig, die Auswahl groß, und die süßen Stückchen gibt es dann auch vielfältig. Teigtaschen, von denen wir durch Anna wissen, wie sie gefüllt sind, landen auf unserm Teller. Dann dürfen sie in unserem inzwischen doch sehr leeren Magen. Ein Kaffee noch, und es geht weiter. Für Toiletten gibt es einen guten Trick: entweder, man trinkt in einem edlen Hotel einen Espresso und geht dann auf die Toilette, oder man besucht das Souvenirgeschäft eines solchen Hotels, dann ist man auch fast da, wo man hin will, oder eben „gerade muss“. Das funktioniert in allen Großstädten, von Tanger bis St. Petersburg.

Die Eremitage sollte man nur allein besuchen, wenn man genau weiß, was man sehen will. Etwa 1200 Zimmer stehen zur Besichtigung bereit. Hier ist die größte Sammlung niederländischer Kunst, die es auf der Welt gibt. Man muss selektieren, ansonsten geht gar nichts mehr. Auch braucht man jemanden, der sich räumlich auskennt. Anna bekommt hier unser richtig dickes Lob, aber sie meinte auch, wir bekommen die Tapferkeitsmedaille. Wir gehen zwar fast, wie man so landläufig sagt, auf dem Zahnfleisch, die Füße wollen nicht mehr, aber auf dem Schlossplatz ist großes Konzert. Das alles unter strenger Bewachung. Etwa jeden Meter steht ein

Soldat. Wenn man wirklich auf den Platz will, wird die Kontrolle wie am Flughafen fällig. Sicherheit geht vor, vor allen anderen Dingen. Das haben wir auch schon heute Morgen aus dem Hotelzimmer gesehen. Wir trauten unseren Augen nicht, als wir den Schlaf aus ihnen rieben: Polizei, Militär, uniformierte Menschen in unzähliger Menge. "Wäscheleinen" werden nahtlos als Absperrungen vom Gehweg zur mindestens sechsspurigen Straße, dem Nevsky Prospekt, gespannt; dann jeden Meter eine Wache. Wie angewachsen stehen die Soldaten dort. Ob die wohl auch lachen können??? Auch die Menschen in Bahnen, Bussen und auf den Straßen schauen ernst, sehr ernst und immer wieder zweifelnd und fragend. Schöner wird es dann, wenn man mit jemanden mühsam ein paar Worte, können auch nur zwei sein, wechseln kann. Wir lernen sehr schnell, danke zu sagen, und unser <ßpasibo> wird immer mit schüchternem Blick beantwortet. In den Seitenstraßen stehen Mannschaftswagen. Jeder Zeit kann die Anzahl der Soldaten aufgestockt werden. Von Paradeuniformen bis zum Kampfanzug mit „knackiger" Bewaffnung fehlt nichts. Einige Leute, meist die jüngeren sprechen ganz wenig englisch, aber man tritt uns sehr deutschfreundlich entgegen.

Das Konzert auf dem Schlossplatz: Als wir aus der Eremitage kommen, wird auf dem Schlossplatz die Oper „Carmen" konzertant, aber in hervorragender Besetzung aufgeführt. Wir genießen die Musik, machen uns nach einiger Zeit aber dennoch auf den Weg zurück zum Hotel. Dann fallen wir <wie die Mehlsäcke> auf unsere Betten. Ein großartiger Tag hat unvergessliche Eindrücke geprägt, und wir beschließen den Tag, indem wir noch den Rest der Carmen vom Schlossplatz im russischen Fernsehen anschauen.

27. Mai

Ab jetzt sind wir selbst gefordert, zu entscheiden, was wir machen wollen. Wir können uns „auf die Socken machen“, denn Schuhe muss zumindest ich noch kaufen, bevor ich mich wieder ins Getümmel stürzen kann. Die Sonne lacht uns freundlich an, aber das kann in Petersburg ganz schnell mal anders sein. Die Einheimischen sagen, < ohne Schirm geht man nicht weg>. Wir sagen <egal wie, einen Platz zum Kaffeetrinken finden wir immer noch>. Der Nevsky Prospekt mit seiner ganzen Geschäftsvielfalt liegt uns zu Füßen. Also fahren wir mit dem Aufzug auf genau diese Ebene und starten durch. Wir wollen nicht viel laufen heute, aber es sei schon verraten, es wird wohl das Dreifache des Geplanten. Schuhe, die gibt es, und ich bin total glücklich mit meinen neuen Ecco Sandalen mit Wave Fuß-Bett. Zur Vorsicht packe ich die kleinen Probiersöckchen in meine Westentasche, man weiß ja nie. Die anderen Schuhe bringen wir noch ins Hotel, und dem ersten Eindruck nach, fühlen sich meine "gekränkten" Füße besänftigt. Die Söckchen sind weiterhin in der Westentasche, und wir mischen uns unters Volk: Moskauer Platz, Galeria *KAUFHAUS nicht KAUFHOF,* dafür aber gleich um mehrere Etagen größer als wir es kennen. Das gleicht schon einer amerikanischen Shopping Mall. Vier Stockwerke und Geschäfte in großer Anzahl. Die Preise sind wie bei uns zu Hause, und es lohnt nicht wirklich, sich hier einzudecken. Außerdem ist die Mode für unsere Augen etwas gewöhnungsbedürftig.

Wir machen uns dann auf den Weg zur U-Bahn. Natürlich ist das etwas schwieriger, als in den Ländern, wo man ganz schnell, fast im „Vorbeifliegen“ etwas lesen kann. Hier bleiben wir stehen, schauen die Schilder an, und beginnen umzusetzen, was das heißen mag. Jedenfalls ist es einfacher als in China, da ging sprachlich gar nichts. Wären wir etwas länger hier, würde sicher das Einfinden in die Sprache einen ganz kleinen Weg finden. Jetzt genießen wir erst einmal, wieder mit der Rolltreppe in die Tiefe zu fahren. Daran muss sich der Kreislauf erst gewöhnen, denn das kennt er sonst nicht. Wir fahren bis zur Newa und lassen alles, was wir dort gesehen haben noch einmal ganz in Ruhe auf uns wirken. Wir sehen die Busse, die Touristen zu Hauf ausspucken, die dann geduldig dem Fähnchen nachlaufen. Deutsche Busse sind nicht dabei, und auch die deutsche Sprache hört man selten. Die Bauarbeiten an der großen Newa Brücke dauern an. Deshalb werden die Schiffe umgeleitet, und wir können die nächtlichen Fahrten nicht sehen. Ob das für uns heißt, St. Petersburg ist nochmal angesagt? Wenn, dann auf jeden Fall wieder mit Sergej und Anna.

Die weitere Gestaltung des Tages soll so aussehen: Jetzt gehen wir etwas essen, dann fahren wir mit dem Bus ins Hotel, schlafen zwei Stunden und machen uns zur nächtlichen Tour auf. Ok, zuerst was essen. Diesmal machen wir keinen Glücksgriff, „sau-teuer" und nicht wirklich gut. Zum Bezahlen legen wir dann 1000 Rubel hin, die Bedienung kommt zurück und meint, wir hätten 100 Rubel hingelegt. Pech für sie, sie schafft es nicht, sie ruft die Chefin, und dann sagt man uns, man könne leider nicht 70 Rubel Kleingeld herausgeben, ob wir denn vielleicht dreißig hätten. Situation gerettet und unser Geld auch. Jetzt fahren wir mit dem Linienbus zurück. Das ist ganz billig, und manchmal reicht es dem Schaffner im „Warnwestchen" nicht, zum Kassieren die Fahrgäste zu erreichen. Dann steigt man eben wieder aus, wenn man an der gewünschten Haltestelle angekommen ist. Übrigens, die Menschen arbeiten überall und ständig, ob allerdings gewinnbringend, das ist egal. Zumindest ist uns in allen vier Ländern klar geworden, dass auch wir Deutschen in unserer Volkswirtschaft gut an der hiesigen Wirtschaft partizipieren. Hier sehen wir „praktisch", was der Export unserem Land bringt.

Es geht zurück ins Hotel, denn wir wollen uns ja so um 21.30 Uhr wieder auf die „Apostelbereifung" machen. Das geht prima, soweit die Füße tragen und soweit die Schuhe laufen. Wir fahren per Bus in die Stadt und sind viel, sehr viel zu früh. Das ist ja noch heller Tag und komplett normaler Geschäftsalltag. Wir gehen ins „Singer Haus". Richtig gesehen, deutsche Nähmaschinen, aber das war es früher. Heute ist dieser wunderschöne Jugendstilbau die größte Buchhandlung von St. Petersburg. Das ist ein Hochgenuss zum Anschauen, aber lesen können wir nicht einmal die Monate des Kalenders.

Vorbei geht's am Stroganoff-Haus, an Palästen und über Brücken, den Nevsky Prospekt entlang bis zum Schlossplatz. Wir reihen uns ein in die abendlichen Besucher, und blicken auf die Newa. Hier ist der Blick nach Westen in den Abendhimmel gerichtet. Es wird kühl, und der Wind vom „Finnischen-Meerbusen" bläst uns kräftig entgegen. So richtig wird das nichts mit dem Sonnenuntergang. Also noch ein Punkt, um Petersburg vielleicht doch noch einmal anzusteuern? Es ist hell, die Eremitage sieht aus wie am Tag, und endlich, um halb zwölf spenden die Straßenlaternen langsam Licht. Das trifft nicht ganz zu, denn es ist noch hell, und das Licht gibt den Straßen nur eine andere Beleuchtung. Es reicht noch für ein paar Fotos, aber die Nacht wollen wir doch lieber mit ausgestreckten Beinen im Bett verbringen. Wir kommen zurück ins Hotel, und dann sehen wir vom Fenster aus noch die nächtlichen Aktionen der Stadt:

Um halb zwei werden die Briefkästen geleert, es kommt die Müllabfuhr, täglich versteht sich, es kommen die Lieferanten und bis zum Morgen kommt auch der Kübelwagen, der sowohl die Gehwege wie die große Straße nass macht, dahinter die Kehrmaschine und schließlich dahinter der Straßenreiniger zu Fuß, der auch noch das letzte Fitzelchen Papier beseitigt. Ein Hubwagen fährt Arbeiter zu den Fahnen, die bis just zu diesem Moment die Prachtstraße festlich zierten. Vorbei, es ist wieder Alltag, das Zeug muss weg, und zwar sofort.

28. Mai

Der Beitrag zur russischen Volkswirtschaft hat sich gelohnt. Meine Schuhe sind der Segen, denn mein Kreuz ist ok, meine Blasen sind abgeheilt, die Söckchen sind nicht mehr in der Westentasche, also ist der Probelauf mehr als bestanden. Wir ziehen wieder los. Der Bus bringt uns in Richtung Newa. Heute wollen wir die Bootfahrt machen. Auch da sind wir wählerisch, nicht einfach das nächste Touristenboot nehmen, sondern wir beschäftigen uns erst mal mit der Qual der Wahl. Dann entscheiden wir, und zwar so, wie -ich denke, es typisch für uns ist. Wir nehmen ein kleineres Boot, so richtig russisch. Eine russische Gruppe Jugendlicher, wahrscheinlich ein Schulausflug, wartet schon. Wir werden wie „Ehrengäste“ begrüßt. Auf dem Steg werden uns sofort zwei Sitzplätze angeboten und bereitgestellt. Man bittet uns - sehr bemerkenswert- mit sehr freundlichem Lächeln, doch Platz zu nehmen. Wir möchten die Kanäle des Venedigs des Nordens mehr erkunden, deswegen haben wir *dieses* Boot gewählt. Das Boot ist bereit, die Fahrgäste an Bord zu nehmen. Ein Seil und eine Dame verhindern, dass die Leute auf das Boot stürmen. Wir werden, wiederum sehr freundlich, und ohne jede Sprachkenntnisse, gebeten, als erste an Bord zu gehen. Wir sollen uns einen Platz aussuchen. Die „Germanski“ sind gern gesehen und herzlich willkommen. Jetzt betrachten wir die Straßen und Paläste von den Kanälen aus, wir fahren unter den Brücken durch, die wir bisher überquert haben. Die Brücken sind eine eigene Fotoserie wert. Kunstvoll gestaltet, farblich unterschiedlich, Stilrichtungen diverser Zeiten, jede Brücke hat ihre Eigenart. Wenn sie doch erzählen könnten, diese Brücken, dann gäbe es ein dickes Buch. Welche Soldatenstiefel sind hier schon marschiert, welche Stöckelschuhe mit Plateausohlen bleiben heute zwischen den Steinen hängen, und was mögen die Menschen gesagt und gedacht haben, wenn sie diese Brücken passiert haben. Jede Brücke hat ihre eigene Geschichte. Der Zar wollte *Venedig des Nordens,* er wollte keine Straßen, und die geöffneten Brücken in der Nacht sollten verhindern, dass die Menschen den Warenhandel verstehen lernen können. Alle an Russland grenzenden Meere sollten durch Kanäle mit St. Petersburg verbunden sein, das war das Ziel des Zaren Peter der Große. Wir genießen die Ausblicke, wissen schon, wo wir sind, und wir- es sei wiederholt- fühlen uns richtig wohl. Grölende Gruppen gibt es sowieso nicht, „Sauen“ und „Saufen“ auf den Straßen ist nicht, "Knöpfe in den Ohren" sind nur bei einem <Audioguide> üblich, es ist eine andere Welt. Bei strahlender Sonne schippern wir gemütlich durch die Stadt. Ja, wir haben das richtige Boot ausgewählt.

Langsam wird uns klar, dass die Petersburger Tage sich dem Ende zuneigen, denn morgen kommt Sergej, um uns abzuholen. Was wollen wir noch tun? Karten schreiben. Briefmarken gibt es bei der Post, nirgendwo sonst, vielleicht in großen Hotels. Ok, die Post soll sowieso ein interessantes Gebäude sein, also machen wir noch einmal den 2. Gang in die Schuhsohlen und laufen los. Das Postamt soll direkt hinter der Isaak Kathedrale sein. Diese hatten wir schon mehrfach umrundet. Mit Anna wollten wir hin, aber wegen der ganzen Feierlichkeiten auf Straßen und Plätzen, war die Kathedrale geschlossen. Wir waren dann am nächsten Tag dort. Die Isaak Kathedrale ist mit der gewaltigen, 101,5 Meter hohen Kuppel das viertgrößte Kuppelgebäude der Welt. Sie wurde von 1818 - 1858, also während vierzig Jahren, erbaut. Den Namen hat die Kathedrale von dem byzantinischen Mönch Isaak von Dalmatien. Er galt als Schutzpatron Peters des Großen. Auch der Isaak Platz vor der Kathedrale wurde während der Errichtung der Kathedrale umgestaltet. Nach und nach bekam er die heutigen Züge, die jedem Petersburger vertraut sind. Enorme Geldsummen und Hunderttausende von Arbeitern waren erforderlich, um diese gigantische Kirche nach dem Entwurf von Auguste Montferrand zu bauen. Entsprechend dem griechischen Kanon, gibt es eine große Kuppel in der Mitte und vier kleine Kuppeln an den Ecken. Innen und außen stehen wir bewundernd vor den zahlreichen Skulpturen und Reliefs. Die beeindruckenden Vergoldungen im Inneren, die Fülle der Malereien und besonders die vielfältigen Marmorarten ziehen uns in ihren Bann. Die

Mosaike sind echte Meisterwerke, die internationale Bewunderung erfuhren und erfahren.

Jetzt aber holen wir das Wörterbuch aus der Tasche, um am Ticketschalter nach dem Postamt zu fragen. Das klappt prima, und wir können zur Post laufen. Es gibt viele Schalter und einen Automaten zum Ticketziehen, um die Reihenfolge an den Schaltern zu regeln. Leider verstehen wir nicht, welches Ticket wir benötigen, rot oder grün, gelb oder blau??? In der Mitte der großen Schalterhalle ist ein bewachtes und kontrolliertes Viereck. Das sieht so aus, als ob wir da richtig sind. Hurra, es funktioniert! Noch 15 Minuten sind hier geöffnet, so lautet unsere erste Information. Briefmarken bekommen wir auch, aber die Postkarten dürfen wir nur aus der Schachtel bei der "Posttante" aussuchen, nicht vom Ständer, nicht von der anderen Seite, njet, nur aus dem alten Kasten! Das ist uns auch egal, die Hauptsache ist, wir haben bekommen, was wir kaufen wollten.

Die weiteren Ziele sind die evangelische Kirche, die zu harten Sowjetzeiten ein Schwimmbad war und die katholische Kirche, wo man noch die gewaltsamen Zerstörungen der Sowjets sieht. Als Abschluss möchten wir noch ein Highlight: Wir hatten von zwei Leuten noch Geld geschenkt bekommen, explizit für einen gemütlichen Kneipenbesuch. Das wollen wir jetzt mit einem Essen in einem georgischen Lokal verbinden. Alles sieht wunderschön und stilvoll aus. Die Stühle mit Hussen, die Tische sauber und schön eingedeckt, Live-Musik. Die Speisekarte bitte! Hmm, keine sprachliche Verständigung außer russisch ist möglich. Die Speisekarte war übersetzt, aber diese englische Übersetzung war bestens geeignet, um das witzige Buch mit den Übersetzungen der Speisekarten:

Oberst von Huhn bittet zu Tisch, um ein Kapitel zu erweitern. Verstanden haben wir jedenfalls nichts. Diesmal gab es auch keine Bilder, aber wir bestellen, und wir essen ausgesprochen gut und schmackhaft. Zuerst hatten wir allerdings vergessen, dass man Beilagen alle einzeln bestellen muss. So saßen wir vor unserm Eisennapf mit Fleisch, grinsten uns an, und wir bestellten in Etappen die Beilagen dazu. Getränk? Zum Essen trinkt man Wodka, und den gibt es in diesem feinen Lokal abgewogen. In Milliliter haben wir ja Vorstellungen, aber was sind 100 Gramm Wodka. Wir lassen das Nachdenken und bestellen 2 x 100 Gramm, das passt auch. Klasse, wir sind begeistert, dass wir uns das zugetraut haben. Wir freuen uns richtig an diesem gelungenen Abend.

Uns fehlt noch ein bestimmtes Mitbringsel für jemanden, und deshalb wollen wir einen der Souvenirläden besuchen. Vorher benötigen wir noch Rubel, denn irgendwie muss der Rubel nochmal rollen. Man kann fast überall mit Kreditkarte bezahlen, man kann an sehr vielen Wechselstuben Geld wechseln, und diese haben - fast auf den Kopeken genau – den gleichen Wechselkurs; Banken hingegen sind teurer. Kopeken sind sowieso nur noch eine marginale Einheit, aber man braucht sie. Die Bezahlwährung beginnt im Grunde bei einem Rubel. Auch im Kempinski gibt es keine Wechselstube, aber eine Toilette!!! Die Wechselstube, die wir dann besuchen ist ziemlich heftig sowjetisch. Vor der Tür sitzt der Uniformierte, der uns auf die Tür hinweist. Wir dürfen hinein. Ein Schreibtisch, eine Dame mit "Sowjetblick" presst ein. CHANGE??? durch ihre Lippen. Yes please, das wollen wir. Eine direktive Handbewegung zeigt uns unmissverständlich, wo sich unsere Schritte hinzubewegen haben. Ein einziger Schalter, rechts und links eine Schutzwand, Panzerglas, eine uniformierte Frau. Diese Positionen sind meist mit „Sprachgenies“ besetzt, die genau verstehen, dass man Geld wechseln will. Was will man wohl sonst in einer Wechselstube? Sie schaut uns an, keine Reaktion, sie schaut ihre Geldzählmaschine an, keine Reaktion, und jetzt kommt die Minute - nein, nicht der Wahrheit, sondern des Suchens. Ja was sucht sie denn, wohin sind ihre Rubel denn gerollt? Sie sucht weiter, inzwischen so halb sitzend unter dem Schreibtisch. Wäre ein tolles Foto, aber das lasse ich besser sein. Nach geraumer Zeit erscheint der streng frisierte Kopf wieder in voller Pracht. Ein vorgedrucktes Schild in ihrer Hand zeigt uns wenige Worte: <Out of order>! Na dann…, wir ziehen ab. Im Flur lachen wir erst einmal. Ich setze mich auf eine Bank, die da steht, und Inge holt die allzeit bereite Wasserflasche aus der Tasche, <darauf erst mal einen...... Schluck Wasser>. Inge öffnet die Flasche, und mich trifft, da ich in dieser etwas tieferen Position auf der Bank sitze, die kalte Dusche. Nun ja, kalt war sie nicht, nur lustig, so richtig passend zur Situation. Die Karten sollen noch in den Briefkasten, und wie für uns gemacht, laufen wir nochmal einen guten Kilometer zum Briefkasten hin. Zurück muss auch sein, aber dann reicht es. Nichts ist uns mehr möglich für „die nächtliche Aktion des weißen Himmels“, außer einem Foto. Der Himmel ist auch nicht wirklich klar heute. Wir sollten die Koffer packen, morgen geht es zurück.

29. Mai

Sergej holt uns pünktlich ab, und auch wir sind selbstverständlich pünktlich. Irgendwie macht das ja auch die Verlässlichkeit aus. Die Koffer kommen ins Auto, und dann heißt es DOSWIDANIA St. Petersburg.

Der Bus steht schon bereit, obwohl wir sehr frühzeitig am Busterminal sind. Es reicht noch für ein Schwätzchen zum Abschied, dann geht es Richtung Tallinn. Heute ist der Bus gut besetzt, wir haben unsere eigenen Brötchen, es gibt wieder Kaffee und Wasser so viel man möchte. Bei Ivangorod wird es Zeit, die Pässe bereit zu halten, die Rückkehr in die EU steht bevor. Das gleiche Spiel, Gesichtskontrolle, Passkontrolle, Visumkontrolle, Gepäckkontrolle, erneut Gesichtskontrolle, Stempel, Stempelkontrolle, jetzt reicht es doch eigentlich. Fehlt noch Abzählen im Bus, aber das geht nicht so einfach. Nochmals Gesichtskontrolle und Passkontrolle. So, jetzt ab in den Schengen Raum. Nein, so auch nicht! Wieder folgt Gesichtskontrolle, Passkontrolle, Gepäckkontrolle, diesmal von den Estländern. Nochmal Pass, Visum und Gesichtskontrolle. Dann heißt es: Koffer aufmachen. Have you drugs, spirits, cigarettes....???? Ich komme auf die Idee zu sagen, I am German, Schengen Country, nothing to declare, no drugs, no spirits, no cigarettes. So wandern die behandschuhten Finger nur kurz in meinen eingepackten Vlies, keine versteckten Wodkaflaschen im Gepäck, der „Duty-free-Shop" bleibt uns sowieso verschlossen, und dann sammeln wir uns alle wieder in einem alten Zollgebäude mit „Drahtkäfig". Ab in den Bus, nochmal Gesichtskontrolle, Passkontrolle, alle sind da! Es sind ziemlich viele Russen im Bus, und da sind die Estländer genau so streng wie die Russen umgekehrt. Das soll übrigens in Deutschland nicht anders sein. Die Russen brauchen ja auch eine Einladung und ein Visum, wenn sie nach Deutschland kommen.

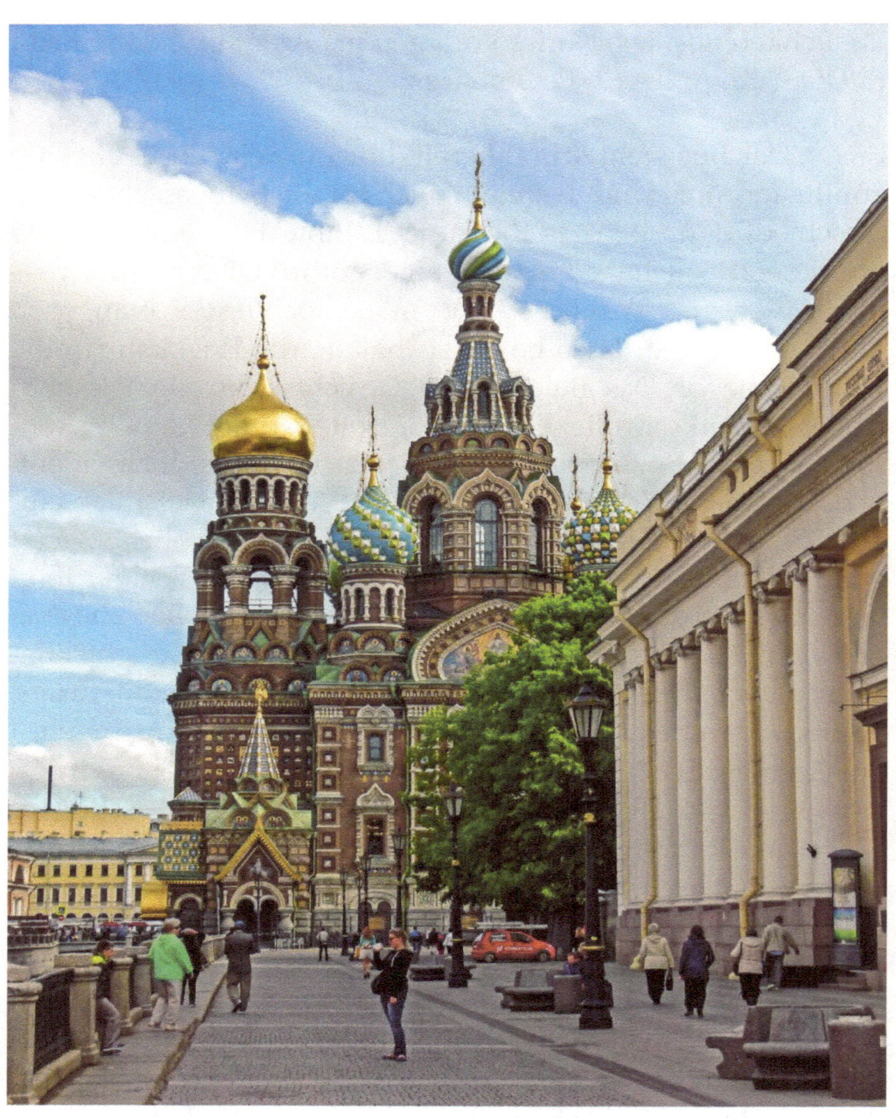

In Tallinn erwartet uns schon Alexander, unser freundlicher Taxifahrer. Er fährt uns zurück zu unserer Casima, die wohlbehalten auf uns wartet. Sie wird noch von allen Hinterlassenschaften der Möwen gereinigt, der Wassertank wird aufgefüllt und dann folgt ein gemütliches Abendessen mit Blick auf die Ostsee und den Segelhafen. Wir träumen in unseren eigenen Betten. Die Erlebnisse der vergangenen Tage werden noch lange in uns nachklingen. Morgen wollen wir Tallinn verlassen.

30. Mai

Heute nutzen wir nochmal unser Hotelangebot. Wir dehnen unsere müden Glieder bei der Wassergymnastik und schwimmen dann vergnügt im Sport-Bad. Auf den anderen Bahnen trainieren die „echten Schwimmer“. Heiße Dusche, Sauna, kalte Dusche, dann geht's zurück in die Casima. Nachdem wir beim Frühstück besprochen haben, wie unser Tag verlaufen soll, sind wir uns ganz schnell einig. Wir möchten nach Raiskuma in Lettland. Der wunderschöne Campingplatz am See ist bestens geeignet, um uns jetzt <das Erlebnis St. Petersburgs> noch einmal nachempfinden zu lassen. Wir machen uns auf die Piste und sind am Nachmittag wieder in Raiskuma auf dem <Campingplatz Apalkalns> angekommen. Wir werden begrüßt wie gute Freunde, „ja wir sind wieder da, und wir werden von unsern Erlebnissen erzählen.“

Jetzt ist erst mal Ruhe und die "Sanierung" von Menschen, Klamotten, Wäsche und Wohnmobil angesagt. Die deutsche Flagge flattert wieder für uns im Wind. Eine richtige Wohltat ist dieser Campingplatz.

31. Mai

Das war notwendig! Wir haben vier Maschinen Wäsche gewaschen, alles ist trocken, alles ist aufgeräumt. Wir waren eben zwei Wochen im Rückstand, aber da wir genug dabei haben, ist das absolut kein Problem. Dann sollten ja auch die „U-Bahn- und Bus-hosen“ wieder frisch werden. Alles ist fertig, die Casima strahlt uns auch wieder an, und wir strahlen dankbar zurück. Unser Fahrzeug ist die Basis dieser Reisen, und mit Bürstner sind wir da gut bedient, zumal circa 90 Kilometer von uns weg die hauseigene Werkstatt von Bürstner ist. Dort wird unser Kundendienst gemacht, und darauf ist Verlass.

Das Wetter spielt mit. Heute Mittag waren 26 Grad, jetzt sind noch 24 Grad. Juris, der Chef des Campingplatzes sagte mir, morgen soll ein richtig toller Tag werden. Den werden wir dann hier am See so richtig genießen. Der heutige Abend klingt mit einem Gläschen Wein aus. Wir schauen über den See in den Abendhimmel und lassen die Gedanken schweifen.

01. Juni

Einfach nur „faul sein“ ist angesagt. Alles ist, wie ich berichtet habe, wieder aufgeräumt, und bei hochsommerlichen Temperaturen lassen wir <einfach die Seele baumeln>. Wir sind Selbstversorger, haben Lachs gekauft, und der wartet im Kühlschrank auf seine Zubereitung. Es sind richtig nette Leute auf dem Campingplatz. Das gibt Gelegenheit, hier und da ein Schwätzchen zu halten. Der See ist so warm, dass zumindest Inge es wagt, sich mutig zu den vielen Stören ins Wasser zu begeben. Ich mag nicht so gern mit den Fischen im See schwimmen, da schau ich lieber vom Land aus zu.

Es sind viele Einheimische hier, wir treffen aber auch Münchner, mit denen wir Erfahrungen austauschen, und am Abend vermittelt der ganze Campingplatz den Eindruck einer echten Lagerfeuerromantik. Die Letten haben Störe aus dem See geholt, die etwa 1,50 m lang sind, und das ist kein Anglerlatein. An allen Ecken knistert das Holz, um den Grill zu befeuern. Trotz der vielen Leute aus aktuell sechs Nationen, bleibt es beschaulich, ruhig und von beeindruckender Stimmung. In den Feuerstellen züngeln die Flammen in den nicht ganz dunklen Nachthimmel. Die Holzgrills (hier nimmt man Naturholz zum Grillen) verströmen ihren typischen Geruch von verbranntem Holz und Grillgut. Die Menschen sitzen, so wie wir auch an, den Tischen. Hier gibt es ein Bier, dort einen Wein, und man hört das Gemurmel der Stimmen. Es ist eine wahre Freude und ein Genuss, diese Stimmung. Man kann sie kaum beschreiben, aber man kann sie empfinden. Der Abend ist „zeitlos", ohne Hetze, ohne Pflichten. Jeder macht, was er möchte, und dennoch ist es eine *Gemeinschaft* von vielen Menschen. Ja, der Abend lässt Ruhe und auch Frieden spüren.

Das Lied <Ade zur guten Nacht> ist noch in meinem Kopf, als wir nach zwölf Uhr, endlich in unsere Betten fallen.

02 Juni

Wir starten nach dem Frühstück Richtung Litauen. Die Letten haben schon die ersten dicken Fische aus dem See geholt. Wir scherzen, ob das Frühstück oder Mittagessen gibt. Schade, dass wir so ewig kommunizieren können, es bleibt immer beim freundlichen Zunicken und wenigen englischen Worten.

Wir wollen durchfahren bis Litauen, so irgendwie in die Richtung Siauliai, da wissen wir bereits einen Campingplatz. Beim <Grazina> waren wir schon zweimal, aber jetzt wollen wir einen anderen versuchen. Dann bleibt immer noch die Möglichkeit, zum <Grazina> zu fahren, falls wir den anderen Campingplatz nicht für gut befinden. Gelbe Straßen durch Lettland, das ist so schön gemütlich zum Fahren.

Wir kommen unerwartet an eine besondere Stelle: Hier ging 1989 der < Der Baltische Weg>, die größte Menschenkette der Geschichte entlang. Das Thema um Kampf für Freiheit und Unabhängigkeit der baltischen Staaten war seit dem Molotow-Rippentrop Pakt, der auch als Hitler-Stalin Pakt bekannt ist, von großer Brisanz. Der Pakt wurde am 23. August 1939 geschlossen. In geheimen Protokollen zu diesem Vertrag, wurden die baltischen Länder aufgeteilt. Die sogenannten „Einflusszonen" wurden zwischen Deutschland und der Sowjetunion verhandelt und festgelegt. Danach sollten Finnland, Estland, Lettland der Sowjetunion zugeschlagen werden, Litauen und weite Teile Polens sollten zum Deutschen Reich gehören. Die nördliche Grenze Litauens wurde als Grenze der „Einflussbereiche" festgelegt. Unmittelbar nach dem Vertragsschluss begann Deutschland den 2. Weltkrieg.

Am 1. September 1939 marschierte die deutsche Wehrmacht in Polen ein. Die Sowjetunion besetzte 1939/40 das Baltikum.

An diesem Ort des Bedenkens und des Gedenkens stehen wir. Bei dem Nachfühlen der Menschenkette von rund zwei Millionen Menschen durch diese Landschaft, die im August 1989 die Unabhängigkeit der drei baltischen Staaten von der sowjetischen Besatzungsmacht erzwingen wollten, läuft es uns eiskalt über den Rücken. Heute wird diese Strecke der BALTISCHE WEG genannt. Dass das ein *Weltkulturerbe* ist, versteht sich von selbst. Es ist ein so sonderbares Gefühl, hier zu stehen und zu laufen. Nebendran steht immer noch der ehemalige sowjetische Wachturm. Jetzt haben wir die Grenze nach Litauen überschritten, genau auf dem Baltischen Weg. Die ganzen Gebiete sind hier unendliche Naturparks. Man fährt oft Kilometer um Kilometer durch diese Naturparks, die manchmal einen Zaun zur Fahrstraße haben. Das ist immer dann notwendig, wenn die Gräben nicht tief genug sind, um dem Wildwechsel Einhalt zu gebieten, oder wenn die Gräben tief und fast verdeckt sind, und somit eine Gefahr für die Verkehrsteilnehmer darstellen.

Wir biegen links ab, und sehen eine Herde: Super, es gelingt uns doch noch, eine Herde Rentiere zu fotografieren. Offensichtlich fühlen sie sich derzeit nicht bedroht, denn wir sind kaum zehn Meter entfernt. Zwei, drei spielen in einem Wassertümpel, die anderen äsen friedlich. Fotos, die begeistern können. Jetzt wissen wir, woher der große schwedische Möbelkonzern seinen „Weihnachtsbedarf an Rentieren“ deckt. Nachdem wir uns „satt gesehen“ haben, fahren wir in Siauliai an die Tankstelle. Gas auffüllen, man kann ja nie wissen, trotz der Sommerhitze. Außerdem ist das so ziemlich die letzte Möglichkeit, Gas zu bekommen, bevor wir wieder nach Deutschland fahren. Tanken ist auch noch angesagt, und wir bekommen Rabatt, niemand weiß warum. Dazu kommt noch der richtig gediegene Tankwartservice. Unglaublich, wie wir hier am hochheiligen Sonntag bedient werden. Einkaufen wollen wir auch noch. Das ist überhaupt kein Problem, alle Supermärkte haben geöffnet. Ich kann meine Haare „so langsam nicht mehr sehen". Ein Friseur ist auch am Sonntag im Einkaufszentrum verfügbar, übrigens nicht nur einer, wir haben die Qual der Wahl. Ich bin schnell dabei, meine Haare schneiden zu lassen, und Inge entschließt sich auch dazu. Wir sitzen nebeneinander beim Friseur, der uns nicht versteht. Eine Dame spricht etwas Englisch; sie ist begeistert von den deutschen Touristen, und das sind wir. Wir bekommen für umgerechnet 28 € beide zusammen einen besseren Haarschnitt, als wir ihn letztens zu Hause für wesentlich mehr Geld bekommen hatten.

Jetzt fahren wir zum Campingplatz in Kurtuvenai. Das ist ein ehemaliger alter Gutshof. Die Kirche und der Gutshof wurden 1772 erbaut. Heute sind hier Ausgrabungen im Gange. Der kleine Campingplatz ist in Ordnung, aber er könnte einfach gepflegter sein. Die Plätze sind mit Hecken eingezäunt, Seen und Ackerland soweit das Auge reicht. Als wir ins Bett wollen, ruft mich Inge nochmals nach draußen. Jetzt ist es Realität, das Abendlied von Matthias Claudius: „Und aus den Wiesen, (besonders aber aus den Seen) steiget, der weiße Nebel wunderbar". Wir stehen draußen, summen leise das Abendlied und natürlich gibt es noch Arbeit für den Fotoapparat: Aufnahmen des weißen Nebels. Dann sagen wir <gute Nacht>.

03.Juni

Wir fahren nach Vilnius, dem früheren Wilna, der Hauptstadt Litauens. Auf der Hinfahrt haben wir das nicht gemacht, weil der Campingplatz noch geschlossen war. Auch jetzt gibt es immer noch unzählige Baustellen, die wir durchfahren müssen, um den Citycamping Vilnius zu erreichen. Der Platz ist überraschend schön und sehr sauber. Sogar die Versorgung und Entsorgung für Wohnmobile ist vom Feinsten. Außerdem ist die Verbindung zur Innenstadt gut. Wir treffen Münchner, die die Münchner, die wir in Lettland getroffen haben, kennen. Lustig, wie klein die Welt manchmal erscheint. Die schweren Unwetter, die derzeit in Deutschland für Hochwasser und Überschwemmungen sorgen, sind das Thema. Bei uns gibt es die Sondersendung im Fernsehen zum Anschauen. Da ist dann Treffpunkt.

Wir erfahren, dass es einen Bus gibt, der zum Campingplatz kommt. Dann macht er anderthalb Stunden Stadtrundfahrt. Das ist nicht so unser Plan. Wir rechnen nach, und wir werden uns ein Taxi bestellen, dann sind wir schnell in der Altstadt. In Vilnius gibt es in diesem Sommer besonders viele Feste; das Musikfestival ist extra zu erwähnen. Aber auch: Vilnius ist das Jerusalem des Ostens. Wegen der über 50 Kirchen nennt man Vilnius heute auch *das Rom des Ostens*. Wir besorgen uns einen Stadtplan und freuen uns auf die renovierten Straßen und Häuser. Vilnius ist flächenmäßig die größte Stadt des Baltikums. Mit der im Jahre 1579 gegründeten Universität, ist Vilnius eine der ältesten Universitätsstädte Europas. Die Stadt trug 2009 - gemeinsam mit der Stadt Linz in Österreich - den Titel *Kulturhauptstadt Europas*. Wir sind sehr neugierig auf morgen.

04.Juni

Heute ist unser Tag in Vilnius: Die ganze Altstadt ist Weltkulturerbe. Nicht nur die Stadt ist flächenmäßig die größte Stadt des Baltikums, es ist die größte Altstadt Osteuropas. Von jedem Punkt der Altstadt sieht man mindestens vier Kirchen. Hier war die Hochburg der Juden mit 27 Synagogen. Heute gibt es nur noch eine Synagoge. Wir besuchen ein großes Marienheiligtum, viele Kirchen und einige Klöster. Wir genießen die Tour durch die Altstadt, nicht per Bus, sondern wieder auf unseren Schuhsohlen. Die Temperaturen sind hochsommerlich, und wir freuen uns, dass die Kirchen immer wieder Schatten und Kühle spenden. Wir besuchen das russische Kloster, rechts ist das Männerkloster, links das Frauenkloster. Die russisch-orthodoxe Kathedrale ist das wichtigste Gotteshaus der litauischen Orthodoxen. Diese beiden Klöster sind heutzutage die einzigen orthodoxen Klöster in Litauen. Hier sind drei Märtyrer beigesetzt. In einem großen Sarg mit Glasplatte sieht man drei Menschen liegen, die allerdings mit großen Chormänteln total bedeckt sind. Lediglich die Füße mit weißen Strümpfen und roten Schläppchen sind sichtbar. Die Menschen russisch-orthodoxen Glaubens küssen die Glasplatte immer wieder, legen die Stirn auf das Glas, gehen zur nächsten Ikone, wieder küssen und segnen. Die Sitten sind doch sehr unterschiedlich. Während wir an die Infektionsgefahr denken, wenn jeder seine „Schnute“ auf das Glas presst, ist das hier <gelebter Glaube>. Der Klerus kommt, begrüßt sich gegenseitig mit riesigen Verbeugungen, um dann hinter den Säulen zu lachen und zu quatschen, während immer einer der Kleriker fromm singt. Leider nicht besonders schön, aber auch nicht laut.

Die nächste Kirche ist römisch katholisch. Wir kommen gerade zum <sakramentalen Segen>. Wieder begegnen wir der tiefen Frömmigkeit der Litauer.

Wir überlegen den Hintergrund des Geschehens. Alles, was christlich war, war während der Sowjetzeiten verboten. Die Befreiung aus dieser Knechtschaft ist für die Litauer gleichzeitig die Rückkehr zum praktizierten Glauben. Das sieht man auch auf Friedhöfen. Die Kreuze sind an die alten Grabsteine wieder angebracht worden, und Friedhofsbesuche gehören zum Sonntag. Die alten Rituale dürfen jetzt wieder gelebt werden. Gerade was die Religiosität angeht, werden sie sehr ausgiebig praktiziert.

Ob der Organist mehr mit den Tasten, oder mehr mit, den brummenden Pfeifen kämpft, ist nicht zu ergründen; aber es ist ein wirklich von Herzen kommendes "Laudate Dominum". Die Jesuitenkirche besuchen wir als nächstes, dann noch ein kleines <Russisch Orthodoxes Gotteshaus>. Danach meldet sich ganz profan unser Magen. Hunger! Nach dem Essen gehen wir zum Tor der Morgenröte, von dem aus die große Marienikone auf die Altstadt blickt. Wieder lassen wir uns gefangen nehmen, sind beeindruckt von den Menschen, die hier in Gruppen und einzeln beten; die Schlange stehen, um in Ehrfurcht am Gnadenbild vorbeizugehen. Wir gehen zurück, „Filarmonij", Universität, deutsche Straße, dann ein Taxi zum Campingplatz. Morgen ist unser letzter Tag in Litauen.

05. Juni

Die Stadt Druskininkai, liegt 8km vor der Grenze zu Weißrussland. Diese Grenze dürfen wir nicht passieren. Ich hatte keine Lust, vorher Daten für die notwendigen Visa festzulegen, und genau aus diesem Grund kommen wir auch nicht nach Kaliningrad. Druskininkai ist seit dem 19. Jahrhundert ein edler Badeort, und so zeigt sich der Ort auch. Alles ist aufgebaut und so gestaltete, wie es moderne Badeorte auch bei uns sind. Es ist bei 28 Grad schwül, ein dickes Gewitter liegt in der Luft, und diese elenden kleinen Gewittermücken trotzen all unseren Bemühungen, sie zu vertreiben. Vitamin B 1 reicht nicht aus, Chrysanthemen Spray bringt nichts, Inge holt die Keule, wir haben noch einen Insektenschutz für die Tropen. Den haben wir auf dem River Kwai nicht gebraucht, ob er hier reicht? Nein, hier gilt nicht Bayer Leverkusen, hier heißt es Ural Chemie. Da müssen wir jetzt durch. Das Gewitter kommt nicht, wir schlendern müde etwa einen Kilometer in ein schönes Mühlenlokal. Dort sitzen wir direkt an dem kleinen Wasserfall, der uns etwas Frische spendet, und der wenigstens den Eindruck vermittelt, die kleinen Viecher wären weg. Die Bedienung kommt; man hat die Dame extra wegen uns gerufen. Die Leute sind sehr freundlich, wie eigentlich immer. Also, diese Dame, sprich Serviererin, spricht englisch. Das heißt, sie zeigt uns eine Speisenkarte und sagt, diesmal sogar mit Lächeln: „that is fish, that is meat". Warum der Aufwand? Die Speisenkarte ist zweisprachig, Litauisch und russisch, falls das nicht geht, bringt sie die Karte gern in polnischer Sprache. Ok, ich mach mal ein Foto, so kann ich dann wenigstens zu Hause zeigen, dass wir das „Dritte von oben" gegessen haben. Einmal Fisch, einmal Steak, soweit konnten wir dann mit Hilfe unseres Miniwörterbuches - der Markt hat noch nichts Gescheites für die baltischen Länder - unseren Geschmack verifizieren. Wir erfahren noch, dass aller Fisch frisch sein soll, allerdings fehlt mir beim exotischen Tilapia, der auch Litauisch nicht anders heißt, etwas die Überzeugung. Es muss an der Sprachbarriere liegen, und da wir diesen Fisch nun weder essen wollen, noch mit ihm reden wollen, ist es sowieso egal. Inge bekommt ihre Bachforelle, ich mein Steak, und als Inge mit einer querliegenden Gräte kämpft, meine ich, sie solle aufpassen, dass die Forelle nicht wieder in den Bach springt. Zum Glück ist das nicht passiert. Das Essen schmeckt prima, wir genießen es. Nach dem Essen schleichen wir müde zurück zum Campingplatz. Der hat hier echtes Lob verdient, er ist vom wirklich prima. Wasser und Strom, alles am Platz, Rasengittersteine für das Fahrzeug, dann noch etwa 25 qm Rasen an jedem Platz, bevor ihn die Hecke, wie im Garten abgrenzt. Optisch schön, gepflegt, geräumig, die Sanitärgebäude sehr sauber, eine Küche mit allem, was man sich nur denken kann, obwohl wir dort außer Geschirrspülen keinen Nutzen ziehen. Wir gehen ganz früh ins Bett, schließlich werden morgen mal wieder die Uhren umgestellt. So langsam gewöhnen wir uns wieder an die heimische Zeitzone. Auf geht es nach Polen.

06. Juni

Wir verlassen Druskiniskai, und es wäre schade, wenn wir diese Gegend von Litauen nicht gesehen hätten. Hier ist alles so ganz anders, aufstrebend, die Marktorientierung ist im ganzen Badeort spürbar. Wir schauen uns die Leistungen des Heilbades an. Das Angebot ist fast so umfassend wie in

Ungarn, nur circa zum halben Preis. Es gibt, trotz der unmittelbaren Nähe zu Weißrussland Schifffahrten auf der Memel, die uns hier wieder begegnet. Es gibt eine riesige Snow Arena, zwei Aquaparks und eben Heilbäder, Reha Zentren und Badeärzte. Das alles muss auch zu Sowjetzeiten funktioniert haben. Die Landschaft ist gepflegt, der Aufbau und Neubau lebt. Dennoch geht es jetzt weiter Richtung Polen. Wir haben etwa 70 km bis zur Landesgrenze, und wir fahren ja von „Schengen-Land zu Schengen-Land". Wir haben uns eine Strecke ausgesucht, einen Campingplatz fürs Erste haben wir auch geplant, das fünfte Land unserer Reise wartet auf uns.

Bald schon sehen wir die polnische Landesflagge. Unser erster Zielort heißt Olecko. Wir haben uns wieder "gelbe Straßen" ausgesucht. Die sind zwar kleiner als die roten, aber meist sind sie nicht so stark befahren und dadurch auch nicht so ausgefahren und kaputt. Über die Straßen in Polen hört man sehr unterschiedliche Dinge. Wir wissen inzwischen, dass nur die eigenen *Erfahrungen* im wirklichen Sinne *Erfahrungen* sind, manchmal aber auch sehr abenteuerliche Erlebnisse. Der erste größere Ort, den wir erreichen ist Suwalki. Ein großes Einkaufszentrum, sicherlich fünf Schuhgeschäfte, mindestens drei Kleiderläden, dann noch eine Verpflegungsetage, eine Buchhandlung, ein „Krimskrams-Laden"; ich weiß nicht, wie viele Geschäfte unter diesem neuen Dach sind. Jedenfalls ist ein alter Ziegelbau, der eigentlich aus drei doppelstöckigen Hallen besteht, in dieses Geschäftszentrum integriert. Dabei wollen wir doch nur einen Kaffee trinken. Zwischen Parken und Kaffee waren wir auf der Bank. Euros wurden zu Zlotys umrechnen, und die Dame auf der Bank ist sehr freundlich zu uns. Die Freundlichkeit in den jetzt von uns bereisten Ländern verblüfft uns immer wieder. Dazu kommt, dass die Menschen hier in Polen wieder schauen und lächeln können. Bankgebühren müssen wir auch nicht bezahlen, warum weiß niemand. Ich verstehe zwar noch, dass die andere Mitarbeiterin der Bank von Gebühren redet, aber da war schon alles abgeschlossen. Übrigens wurde jeder Vorgang mit einer alten Rechenmaschine mit ewig langem Papierstreifen nachgerechnet, sogar unser Wechselgeld. Spickzettel fürs Umrechnen bekommen wir auch. So lassen wir nicht zufällig den Rubel wieder rollen, aber beim genauen Hinschauen ist die Währungsumrechnung sehr ähnlich. Multiplizieren, dividieren, wie war das noch in Lettland. Ergo: Spickzettel muss zu Anfang sein. So, jetzt gibt es sogar einen Lavazza Cappuccino, eigentlich zwei, einen für Inge und einen für mich. Der Apfelkuchen sieht aus wie hausgemacht, da versucht Inge sicher. Ich nehme zur Abwechslung mal zwei Kugeln Eis. Die Bedienung meint, sie bringt den Apfelkuchen an den Tisch; jedenfalls interpretieren wir das so. Stimmt sogar, der inzwischen warme Apfelkuchen ist mit einer dicken Kugel Vanilleeis als "Beilage" verziert, und mit Sahne und Karamellsauce gekrönt. Polen hat uns empfangen, jetzt fahren wir Richtung Olecko.

Nach wenigen Kilometern Straße, die auch nicht wesentlich anders ist als in Litauen, kommt ein Schild "Baustelle", allerdings 14 Kilometer Baustelle. Auch das kennen wir schon. Baustellen sind unendlich lang, man weiß nie, was der nächste Kilometer bringt. Hier ist es besonders schön. Teils ist die Straße neben uns einen Meter tief weggerissen, dann ein Stück ausgefräst, dann ein Stück neu geteert, gerade vor uns wird eine kleine Brücke abgerissen, wir fahren Slalom, jedenfalls reicht es nach den vierzehn Kilometern zu einem aufatmenden <o lecko>, was ja sicher eine ganz andere Bedeutung hat, als der Ort den wir jetzt ansteuern. Das kleine Ortsschild am Rand zeigt eine Abbiegemöglichkeit mit dem Ziel <Potwiesocki>. Nun waren uns ja die letzten 14 km „rheinisch beschrieben Pott wie Deckel", heißt egal, aber das wird auf jeden Fall jetzt umfunktioniert zu „Pott wie Socki". Bevor wir in die wunderschöne Landschaft der Masurischen Seenplatte kommen, haut uns noch ein dicker Gewitterregen aufs Dach. Regen, Hagelkörner, wir verstehen unsere eigenen Worte nicht mehr. Langsam aber doch stetig fahren wir durch die engen Straßen und mitten durch den Wald, aber besser als Anhalten ist das allemal, denn wir sehen kaum die Straße vor dem Auto. Das Unwetter hört wieder auf, und die Alleen empfangen uns mit sonnendurchfluteten Bogengängen. Wir erreichen den Campingplatz www. wagabunda-mikolajki.pl Es ist richtig schön hier, und die Nutzung der ganz neuen Waschmaschine ist sogar im Preis von ca. 12,50 € für die Nacht inbegriffen. Was wir wohl morgen machen? Jedenfalls wird die Waschmaschine aktiviert, denn bei der Wärme brauchen wir doch viel zum Anziehen.

07. Juni

Wagabunda, das ist unser schöner Campingplatz in Mikolajki. Wir sind früh wach, denn es ist der erste Tag der Rückbesinnung auf mitteleuropäische Sommerzeit. Da schauen wir schon um sieben Uhr aus dem Fenster und stellen fest, es ist noch nicht wirklich Tag. Dennoch stehen wir gegen halb acht auf, eigentlich ziemlich früh für uns, die wir gestern erst um halb neun aufgestanden sind, weil es ja gefühlte halb acht waren. Egal, gute Duschen sind verfügbar, unser Frühstück ist klasse wie immer, und danach setzen wir die erste Waschmaschine in Gang. Blusen, kurze Hosen usw. sind wieder fällig. 2x7 ist eben auch 14, und vor sieben Tagen hatten wir die letzte Waschmaschine. Jetzt kommt noch alles, was wir sonst haben in die Maschine, aber ich erspare mir die Aufzählung der Wäscheteile, es gibt Wichtigeres. Wir liegen ganz faul eine Stunde im Liegestuhl. Auch das ist mal angesagt. Die Markise ist draußen, Liegestühle und Tisch stehen vor der „Casima“, das ist entspannen, und die Sonne lacht. Als das Thermometer an die dreißig Grad klettert, wird es für uns zu warm, wir wollen an den See. Da laufen wir dann hin, etwa zehn Minuten später sind wir völlig integriert im Strom der Touristen. Leicht abgewandelt könnte man mit den <Bläck Fööss sagen, nä wat is dat schön, överall nur deutsche Tön>. Ehrlich gesagt ist genau das eigentlich nicht so unser Wunsch. Es macht Spaß, wenn man jemanden trifft, aber alles fest in deutscher Hand, das ist eher nicht so unsere Vorstellung. Der See ist wunderschön, und eigentlich ist es ja auch nur ein Teil der Seen, die hier wie Perlen aneinander gereiht sind. Es gibt Boote aller Größen und Arten, die man leihen kann, und wo man Führerscheinkurse machen kann. Für die Freunde der langsameren Fortbewegung gibt es Tretboote Marke VW Käfer oder so ähnlich. Für die, die es wünschen, kann man auch die gute alte Schifffahrt machen. Die alten Dieselmotoren stinken und qualmen über den See. An allen Ecken und Enden wird gebaut, und die Gastronomie ist total auf Tourismus eingestellt, sowohl in Qualität wie in Preis. Eine Mischung aus Bofrost und Eismann mit einem Minipfifferling aus dem Glas, die Kaffeemaschine ist Marke Lavazza, der Kaffee leider nicht, der Wein sieht zumindest rot aus, und er soll aus Spanien sein. Dann doch lieber ein Bier vom Fass, da kann man nichts falsch machen. Wir kaufen noch etwas ein, das Frühstück für morgen sollte ergänzt werden, und dann laufen wir zurück zu unserem mobilen Wohnzimmer. Morgen wollen wir uns der Umgebung widmen, das wird sicher sehr interessant, nicht zuletzt, um Geschichte zu verstehen. Jetzt, um halb zehn kommt ein Fischer mit selbst geräucherten Forellen und Aalen. Wir wollen eigentlich nicht, aber das duftet, so frisch aus dem Rauch, fast noch warm. Also kaufen wir ihm eine Forelle ab. Er freut sich, erzählt von alten Räucherverfahren mit Erlenholz und Apfelholz. Wir freuen uns auf unsere Selbstverpflegung morgen. Da gibt es kein „Bofrost, kein Mac Schicken“, nicht mal „Mac Fisch“, sondern hausgeräucherte Forelle. Das ist doch was.

08. Juni

Ein besonderer Tag, dessen Erlebnisse unterschiedlich nicht sein können, die aber beide hochemotional waren, liegt hinter uns. Wir hatten uns vorgenommen, das Kloster Heiligenlinde zu besuchen; aber auch die Wolfsschanze, Hitlers Hauptquartier, war auf unserem Plan. Dann wollten wir wieder zurück auf unsern Campingplatz in Mikolajki zu fahren.

Heiligenlinde, das Jesuitenkloster mit der ganz außergewöhnlichen Orgel, das ist unser erstes Ziel. Wir freuen uns über einen Parkplatz quasi direkt vor der Tür. Die Parkwächterin weist uns freundlich und sicher ein, wir zahlen 8 Zloty, ca. 2 €, und dann dürfen wir stehen bleiben, solange wie wir möchten. Wir gehen noch ziemlich gemütlich auf die Kirche zu, Bustouristen, Kleriker, Gläubige und die Hausherren, die

Jesuiten. Hier ist eine besonders große Verehrung des Gnadenbildes der Muttergottes. Jede Stunde soll ein Orgelkonzert auf dieser klanglich und optisch so besonderen Orgel sein. Schon im Innenhof hören wir Musik, ist das die Orgel, ist das eine CD??? Nein, es ist die Orgel, der eine junge Ordensschwester das Ave Maria in ganz besonders einfühlender Weise entlockt. Selten habe ich jemanden so gefühlvoll spielen gehört, und das mit dieser Technik. Bewegliche Figuren am Prospekt, Register, die man sonst nicht kennt, der große Engel verbeugt sich, die Glöckchen klingeln, Trompeten, die laut erschallen. Die Kirche ist gut gefüllt. Auch etwa 40 Erstkommunikanten sind hier, begleitet von ihren Betreuern. Man hört keinen Muckser, auch von den Kindern nicht. Es gelingt dieser jungen Ordensfrau, alle, wirklich alle in ihren musikalischen Bann zu ziehen. Noch zwei Orgelstücke, eine schüchterne Verbeugung, und der aufbrausende Applaus ist mehr als verdient. Gleich danach beginnt die Messe, und die Schwester singt noch mit ihrer glockenklaren Stimme. Immer wieder möchten wir zuhören, wir kaufen zwei CDs, leider gibt es noch keine, die von der Schwester eingespielt wurde. Es gibt Erlebnisse auf Reisen, die unerwartet unter die Haut gehen. Dieses Erlebnis gehört sicher dazu. Wir setzen uns an einen Holztisch im Hof und schreiben eine Karte an unsere Freunde Elfi und Paul-Heinz. Mit den beiden möchten wir unser hiesiges Erlebnis teilen, denn wir wissen, die beiden verstehen das nicht nur, sie können es wahrlich nachempfinden. Wir betrachten den Klosterhof, die Bilder, und dann ist wieder Zeit für ein Orgelkonzert. Wir sind uns einig, das wollen wir nochmal erleben. Das Gefühl zwischen Gänsehaut und Frieren, und die Tränen, die man nicht erklären kann, die aber in die Augen steigen.

Wir eisen uns los, denn ein zweites emotionales Erlebnis steht uns noch bevor: Ganz nahe bei Heiligenlinde liegt die Wolfsschanze. Dieses Kriegsquartier Hitlers war das größte im Zusammenhang mit der geplanten Invasion auf die Sowjetunion. Man darf nur auf markierten Wegen gehen, zu groß ist die Gefahr immer noch, dass irgendwo eine Bombe liegt. Die Bunker sind weitgehend gesprengt worden, dennoch ist es unvorstellbar, was wir hier sehen. Hier versuchte Graf Stauffenberg, Hitler mit einem Attentat zu beseitigen. Wir schauen, aber wir reden kaum. Entsetzt sehen wir, dass Kinder, die in Begleitung von Ordensschwestern und Priestern hier sind, Gasmasken als Andenken kaufen. Die Schwester hilft, die Tragebeutel umzuhängen, Herr Pfarrer erklärt die Funktionen der Masken und hilft beim Ausprobieren. Makaber! Ist das jetzt Geschichtsunterricht für die kleinen Polen, ist es Heimat erfassen, oder bekommen wir den Geschichtsunterricht, den man in unserer Schulzeit einfach "vergessen" hat? Eines ist sicher, alle, die bisher nicht begreifen und verstehen, was Hitler angerichtet hat, die sollten hier die Vergangenheit betrachten. Auch im Nachhinein finden wir es wichtig, zumindest hier vor Ort einen Blick in die Vergangenheit des Nazideutschlands zu werfen. Es ist erschütternd und abscheulich, was uns die Vergangenheit zeigt. Unsere Empfindungen können wir nicht alle beschreiben, auch nicht fotografieren, es sind Situationen, die einfach nur unter die Haut gehen.

09. Juni

Nach den beeindruckenden Erlebnissen des Vortags wollen wir heute weiter. Das größere Ziel ist Danzig, aber zuerst einmal fahren wir nach Elbling. Die Komfortstraßen Polens sind uns sicher. Komfort deshalb, weil man auf diesen Straßen sowohl <fort-kommt> wie< hin-kommt>. Unsere Pilotensitze zeigen sich als wahre Wellnesserlebnisse: manchmal schütteln sie uns bis auf die Knochen, dann wiegen sie unsere Wirbelsäulen in sanfte gymnastische Wellenbewegungen, dann wieder bringen sie uns in leichte Schräglage, bevor wir schlichtweg auch kilometerlang über ganz normale Teerstraßen gleiten. Zur Abwechslung loben wir die Investitionen der EU. In Elbling, jetzt Eblag, tanken wir noch. Es ist blöd, an den meisten Tankstellen muss man sich für einen Betrag entscheiden, dann kann man tanken. Auf diese Art und Weise habe ich schon mal fünf Liter „versemmelt", Erfahrungen tun halt weh, oder sie kosten Geld. Zum Glück ist unser Auto so sparsam. Jetzt holpern wir noch zum heutigen Endziel, dem Campingplatz. Tiefe Löcher zieren die Straße, der eiserne Vorhang, das Tor, wird geöffnet, dann hinter uns geschlossen. Naja, sicher ist sicher. Wir schauen uns um, aber hier wollen wir nicht bleiben. Der Campingplatz ist knallvoll, und die Menschen „hängen nur noch aufeinander". Kurzentschlossen fahren wir Richtung Russland, weil wir dann so 30 km vor der russischen Grenze den Campingplatz in Frombork als Alternative nutzen wollen. Frombork, früher Frauenburg, ist die Stadt, wo Kopernikus viel von seiner Arbeit geleistet hat, und wo er letztlich auch bestattet ist. Hier entwickelte er sein Hauptwerk über die Kreisbewegung der Himmelskörper. Er lebte von 1512 - 1543 in Frombork. Leider ist die Kathedrale am Montag geschlossen. Heute ist schon geschlossen, und so bleibt uns der Besuch morgen auch verwehrt. Wir wollen Eblag noch anschauen, und das passt dann morgen.

10. Juni

Wir schauen Frombork an, allerdings wie so oft ist montags so ziemlich alles außer Souvenirläden geschlossen. So bleibt uns nur der Blick auf das <FRISCHE HAFF>, diesmal wieder bei ziemlich starkem Wind und grauen Wolken. Ob der Regen wohl wagt, uns zum Umziehen zu zwingen. Wir haben vorsichtshalber unsere dichten Windjacken bemüht, und zum Glück haben sie gewirkt. Die Sonne scheint wieder. Im Hafe**n** entdecken wir eine kleine Kneipe, dort gibt es <Backfisch im HAFE**R**>. Muss jetzt nicht sein. Die Aussichtsplattform lohnt nicht, denn dort ist der Sturm noch stärker, und die Sicht ist auch nicht da. Jedenfalls können wir, als wir von einem kurzen Rundgang zur Casima zurückkommen, die andere Seite des Haffs sehen. Unser nächstes Ziel ist Elblag, zu Deutsch Elbling. In dieser Gegend war ja der Deutschorden sehr stark vertreten, und die Kirche ist teils erhalten, teils renoviert. Auch soll das Städtchen mit den typischen alten Giebelhäusern schon in bemerkenswerter Art restauriert sein. Wir finden einen Traumparkplatz für unsere 7,50 m und sind kurz vor der Kirche. Die erste Station ist also ganz klar: Wir laufen zur Kirche und sehen, dass aktuell zwei Leichenwagen vor dem Portal stehen. Damit ist die Kirchenbesichtigung für uns ausgeklammert. Wir möchten nicht die Trauer der Menschen mit unserer Neugier oder unserem Kulturinteresse stören. Bummel durch die Stadt, die wirklich sehr schön ist. Dennoch fühlen wir uns nicht ganz wohl. Immer wieder sehen wir Polizisten zu zweit auf Streife, wir werden am hellen Mittag von einem Betrunkenen nach Geld gefragt, es ist so anders, als es sonst in den Städtchen und Städten war. Wir möchten einen Cappuccino trinken, dann fahren wir weiter. Wir fahren sogar noch vor dem Cappuccino weiter, denn 3 € finden wir einfach unverschämt für einen kleinen Cappuccino. Das machen wir nicht. Es gibt auch noch den Fluss Elblag. Der hat eine richtig interessante Besonderheit: Von der Stadt Elblag fahren auf dem Fluss Elblag Schiffe zum Oberlandkanal. Der führt über fünf schiefe Ebenen. Man kann das in etwa sieben Stunden mit dem Schiff abfahren, nichts für uns. Wir wollen nun mit dem Wohnmobil zu einer der schiefen Ebenen des Kanals, um dem technischen Schauspiel zuzuschauen. Die großen Ausflugsschiffe werden in hölzerne Gestelle verladen und im Schritttempo die schiefe Ebene hinaufgezogen, bzw. hinuntergelassen. Dieser Kanal ist einzigartig in Europa. Er wurde 1806 nach 16 Jahren Bauzeit in Betrieb genommen, und er funktioniert noch immer, und genauso wie „immer“, nur die Seilzüge mussten erneuert werden. Der Antrieb Erfolg durch die Wasserkraft eines Schaufelrades. Durch unterirdische Rohre wird dieses Rad mit Druckwasser bewegt. Es setzt Umlenkräder in Bewegung, die dann die Schiffe bewegen. Eine einfache, aber sehr sinnvolle Mechanik. Wir fahren hin. Genau dort, wo der Parkplatz ist, ist aktuell eine riesige Baustelle. NIX Kirche, NIX Technik. So fahren wir weiter nach Malbork, dem früheren Marienburg. Dieses größte Backsteinbauwerk Europas wollen wir dann morgen anschauen, denn.... genau..... am Montag ist alles geschlossen!!! Wir fahren auf den modernen Campingplatz in Marienburg. Nach dem Einchecken besuchen wir noch den modernen französischen <Supermarkt Le

Clerk>. Die Bordküche wird aufgefüllt, dann wollen wir essen gehen. Klasse, nette Innenstadt, viel los, aber nur <Fast Food Tempel>, einer am anderen, von Kebab über Döner bis zu Mac Do ist alles vertreten. Wir entscheiden uns, zum zweiten Mal auf dieser Reise, für Mac Do. Ist ja klar, beim Weltkulturerbe entstehen die „zukünftigen Weltkulturerbe des kulinarischen Genusses". Schließlich sollen die Touristen ja alles finanzieren. Das ist verständlich, aber alles wollen wir auch nicht mittragen. Also, wie gesagt Mac Do. Hier versteht niemand Englisch oder Deutsch, wir bestellen nach Bildchen, und auch die kann man falsch interpretieren. Wir sitzen vor einer Chicken Box, die für drei Personen reicht, dabei wollte Inge doch nur sechs Chicken Wings. Ich hatte noch einen Mac Royal bestellt, dann kamen noch zwei Tüten Pommes dazu und so können wir nun überlegen, was wir wirklich essen wollen und was nicht. Verstanden wurde zumindest, dass wir keine Eiswürfel in den Getränken haben möchten. Beim Händewaschen lesen wir noch: „Wenn möchten sie warm Wasser haben, sollten sie drehen Wasserhahn und länger warten". Ist doch lustig, reisen bildet eben, egal auf welche Art und Weise.

11. Juni

Heute wollen wir uns intensiv mit der Marienburg im Ort Marienburg, der heute Malbork heißt, beschäftigen. Wir machen uns auf den Weg, der nicht weit ist, um dann das größte Backsteinbauwerk Europas anzuschauen. Anschauen ist eigentlich nicht der richtige Ausdruck. Es ist wirklich Geschichte erspüren und vor Ort begreifen. Fünf Stunden haben wir und unsere Füße durchgehalten, allerdings unterbrochen von einem köstlichen Mahl, das unsere Herzen höher schlagen ließ. Im gotischen Restaurant wurden wir richtig verwöhnt. Die Marienburg ist auch UNESCO Weltkulturerbe, und das sicher zu Recht. Sie wurde 1270 - 1300 für den Deutschen Orden am Nogatufer, einem Nebenfluss der Weichsel gebaut. Hier residierte ab 1309 der Hochmeister als Oberhaupt des Ordensstaates. 1457 fiel der gesamte Komplex dann an den König von Polen. Eigentlich sind es drei Komplexe. Die Burgen in der Burg, und die Erweiterungen werden nach wie vor weiter renoviert. Die Burg war Vorbild für viele in Europa entstehende Wehranlagen. Es wird uns auch hier ganz klar, dass die Macht und die Eroberungen in den Kriegen, ganz gleich von wem sie geführt wurden, immer von Gier nach noch mehr Macht und Besitz geprägt wurden. Heute ist es ähnlich. Die Kriege, die aktuell geführt werden, gehen genauso um Macht, um größeren Besitz und um "weniger Hirn", obwohl die Strategen immer glauben, ihr Hirn bestens einzusetzen. Morgen wollen wir das Frische Haff von der schmalen Landzunge aus ansehen, die sich fast mit der Kurischen Nehrung trifft.

12. Juni

Wir fahren also von Malbork Richtung Stegna, und dann die kleine Straße, die uns über Krynica Morska direkt bis an die russische Grenze bringen soll. Die Straßen sind verhältnismäßig gut. In Stegna besuchen wir einen kleinen Markt, und jetzt haben wir wieder Kartoffeln, Knoblauch und sogar Honig. In Pasei, dem kleinen Ort, der vier Kilometer vor dem Ende der westlichen Welt liegt, ist dann auch die Welt für uns zu Ende. Die letzten zehn Kilometer glich die Straße schon einem Emmentaler, gut mit Löchern durchzogen. Jetzt aber wird sie ganz schmal, zwei kleine Spuren Panzerplatten sind verlegt, und nach dem Versuch, der uns sagen sollte, wie weit es denn wirklich noch geht, sind wir schneller auf dem Rückweg als erwartet. Es blieb bei dem Versuch, weil es dann nicht mehr klar war, ob wir noch eine Möglichkeit zum Wenden finden, oder ob wir nur noch rückwärtsfahren können. Wir entscheiden also, bei einer noch bestehenden Möglichkeit zu wenden. Wieder zehn Kilometer „Emmentaler Strecke", und obwohl dann rechts von uns so in etwa 200 m Entfernung die Ostsee ist, links von uns das Frische Haff, sehen wir nur Wald. Es gibt einen Waldparkplatz, aber den möchten wir wegen des tiefen weichen Sands nicht anfahren. Zurück nach Krynica. Hier fahren wir auf den Strandparkplatz. Alles ist schon etwas touristisch erschlossen. Fischerboote am Strand, kilometerlanger Sandstrand, es werden Vorbereitungen getroffen für die Badesaison, und wir lassen uns in der Hafenkneipe eine Scholle frisch aus dem Wasser in die Pfanne hauen. Köstlich, endlich mal so richtig guten frischen Fisch. Am Strand liegen Unmengen toter Maikäfer. Warum wissen wir auch nicht. Wir laufen barfuß ins Wasser, es ist unangenehm lauwarm, und schmutzig ist das Wasser, total schmutzig. So ist die Devise, Füße gründlich reinigen, und dann einfach weiter fahren nach Danzig. Dort gibt es einen Stadtcamping, der sich zur Stadtbesichtigung gut eignet. Straßenbahn ist direkt vor der Tür, also nichts wie hin. Wir treffen Schweizer, die wir schon kennen, dann auch noch nette neue Leute aus Deutschland und bei einem Bierchen reden wir über Erlebnisse und es werden Erfahrungen ausgetauscht. Noch ein Blick in die deutschen Nachrichten, dann ab ins Bett, morgen ist Danzig auf dem Plan.

13. Juni

Danzig, Gdansk, markante Dinge fallen uns ein. Hier begann der 2.Weltkrieg, hier streikten die Werftarbeiter der Lenin Werft, hier wurde die Gewerkschaft Solidarnosc von Lech Walesa gegründet, und auch hier war Johannes Paul II., der polnische Papst, auf seinem Weg für den Frieden. Sicher mag man über ihn ganz unterschiedlich denken, aber sein Beitrag zur Öffnung des Ostens, zum Fall der Berliner Mauer, und auch die riesigen Veränderungen in Russland sind bei den Menschen hier angekommen. Außerdem war er natürlich *ihr polnischer Landsmann*, und gefühlt „ ist er es immer noch". Los geht es, auf nach Danzig. An der Straßenbahnhaltestelle angekommen, stehen gleich zwei Straßenbahnen bereit. Wir nehmen die offensichtlich modernere. Die andere Straßenbahn fährt ab. Dumm gedacht, und wie es gelaufen ist, das kommt jetzt: Der Fahrer räumt aus den Einstiegen den Dreck weg. Hier eine Dose, dort Papier, doch eine Tür klemmt. Wir sollen uns hinsetzen, es geht noch eine Weile, es quietsch, klappert, brummt und scheppert. Der Fahrer setzt sich ins Führerhaus, schließt mit großem Getöse die Türen, außer der einen Tür, die sich nicht schließen lässt, dann fährt er los. Die Leuchtschrift können wir mit Hilfe unseres sparsam ausgelegten Wörterbuchs erahnen. Das bedeutet ganz einfach: *nicht einsteigen*. Er fährt an allen Haltestellen vorbei, genau bis dorthin, wo wir aussteigen wollen. Die Leute stehen an den Haltestellen, wir zwei sitzen in der holprigen, scheppernden

Straßenbahn, und im Grunde fehlt nur ein Glas Cremant, um diese Einzigartigkeit zu unterstreichen. Ich glaube, niemand von den Wartenden hat verstanden, warum da zwei Leute in einer Straßenbahn mit Anhänger durch die Gegend gefahren werden. Wir fanden das natürlich absolut lustig. Die Frage war nur, sollen wir jetzt winken und lächeln wie die Queen, oder halten wir es mit den strahlenden Holländern, oder sind wir einfach weiter fröhlich und winken auf unsere Art. Wir entscheiden und für die dritte Möglichkeit, denn schließlich hatten wir keine Zeit, uns auf das Zuwinken unserer Bewunderer einzustellen, um dann vielleicht royal zu reagieren. Altstadt, die Türen öffnen sich, aber der rote Teppich fehlt. Wir haben wenige Schritte, bis wir das Kran-Tor sehen. Wir spazieren durch das grüne Tor, erleben das bunte Treiben am <Langen Markt>, und wir können es nicht lassen, uns mal wieder über das Touristentreiben zu amüsieren. Am Neptunbrunnen erinnern wir uns, dass noch Danziger Goldwasser in unserer Bar vergraben ist. Neptun verzeiht uns, dass „das Tröpfen“ noch nicht verzehrt ist, und wir lächeln ihm dankbar zu. Immerhin hat er das Gold des Goldwassers erfunden. Da waren doch Touristen, die Münzen in seinen Brunnen geworfen haben, und voller Zorn stieß er seinen Dreizack auf die Münzen. das Gold zersprang in ganz kleine Plättchen und mischte sich mit dem bekannten Kräuterlikör aus Danzig, Danziger Goldwasser eben. Wir bewundern die so gut gelungene Restaurierung der Altstadt. Man spürt förmlich das Treffen der Kaufleute. Das <Goldene Tor> beschließt den Langen Markt auf der anderen Seite. Das Zeughaus erscheint in alter Pracht und der größte mittelalterliche Kirchenbau nördlich der Alpen, ganz aus Backsteinen errichtet, lässt uns staunen. Hier ist auch die astronomische Uhr sehr interessant anzusehen, besonders, weil wir diesbezüglich ja auch Vergleiche haben. Ein Seitenaltar mit einem künstlerischen Werk als Erinnerung an den Flugzeugabsturz des Präsidenten Kaschinsky am 10. April 2010 in Smolensk. Da gibt es immer noch unterschiedliche Ansichten und Berichte. Natürlich ist in dieser Kirche auch ganz klar die hohe Verehrung des Polenpapstes zu erkennen. Die gotische Kirche wirkt nüchtern und sachlich, aber bei näherem Hinschauen entdecken wir immer wieder Bilder, alte Freskenreste, restaurierte Werke und natürlich auch hier, der Blick zur Orgel.

Wir laufen weiter durch die Frauengasse, gespickt mit Bernsteinverkauf, und landen wieder am Kran-Tor, wo wir es uns gemütlich machen, um etwas zu essen. Wir wollen nicht zur Westernplatte, denn die Wolfsschanze reicht noch, um unsere Nazierlebnisse wach zu halten. Immer wieder der Gedanke, bitte nie wieder Krieg, und wir schauen gleichzeitig sorgenvoll nach Syrien und in die Türkei. Morgen geht die Reise weiter.

14. Juni

Ein herzliches „auf Wiedersehen“ an die netten Leute aus Schmallenberg, „ciao“ an die Schweizer, „tschüss“ unsern netten Nachbarn aus Norddeutschland; jeder macht sich auf seinen eigenen Weg, der aber letztlich sehr ähnlich ist. Für die meisten der gerade erwähnten Leute heißt die Hauptrichtung jetzt Deutschland. Nur die Schweizer wollen noch mehr von Polen sehen, denn <Frau Schweiz> ist gebürtige Polin, und jetzt ist sie nach 33 Jahren zum ersten Mal im freien Polen. Irgendwie ist sie noch nicht angekommen, alles ist doch so ganz anders als früher. Ja, wenn man an seine Wurzeln kommt, sucht man auch meist etwas Vergangenheit.

So, es geht los. Der Schweizer hat schon Bedenken durch Danzig zu fahren, uns ist das egal. Unser erstes Ziel heißt auf jeden Fall <Danzig Werft>, die Werft, die früher Lenin Werft hieß. 40 Meter hoch strecken sich die Kreuze, die aus Ankern gemacht sind, in den Himmel. Hier sind die Werftarbeiter für das Ziel der Freiheit gestorben. Hier waren die Anfänge der Solidanosc, hier war der Machtkampf mit Jaruzelski. Jaruzelski gehörte zur Partei der demokratischen Linken. Sollte das etwa zum Nachdenken anregen??? Momentan ist hier eine Großbaustelle, und leider beginnt es auch etwas zu regnen. Der Parkplatz entspricht dem, was man so landläufig von Polens Straßen hört. Löcher, Mulden, Matsch und Steine - es ist unbeschreiblich. Wir schauen auf die Kreuze, wir schauen auf die riesige Werft. Die Werft bedeutet heute, zum Glück, dass es viele Arbeitsplätze in Danzig gibt. Wir sitzen, uns zurück besinnend, zur Weiterfahrt bereit. Gestern wäre mein Vater 105 Jahre alt geworden, und seine Wurzeln waren noch ganz anders mit Polen verbunden. Der Großvater, den ich nie erkannt habe stammte aus Poznań Der Vater soll zum Geburtstag noch ein „Kerzchen" bekommen. Wir fahren zur Kirche der <Heiligen Dreifaltigkeit> im Stadtteil Oliwa. Hier entstand im 13. Jahrhundert ein Zisterzienserkloster. Heute ist die Kirche Bischofssitz. Backsteintürme mit barocken Dachhelmen zeigen schnell das Hauptportal, das den Zugang zum Mittelschiff freigibt. Auch hier ist jede Stunde ein kleines Orgelkonzert. Besser beschrieben ist das Konzert mit dem Wort „Vorführung der Orgel": Wir hören den Uhu, wir hören Vogelgezwitscher, wir hören die tosenden Donner, den Glockenklang, die beweglichen Engel mit den Posaunen, die Windmühlen, die sich drehen und die Schalmeien. Ein technisch hervorragend gespieltes "Halleluja von Händel" lässt den Raum erbeben. Das Ave Maria gehört zwar zum Programm, reicht aber bei Weitem nicht an unser Erlebnis in Heiligenlinde. Die Idee mit dem „Kerzchen" klappt auch nicht, denn Kerzen kennt man hier nicht. Das hat Vater noch gut, sein „ Geburtstagskerzchen". Sicher finden wir noch eine Kirche, wo man Opferkerzen anzünden kann.

Wir fahren weiter an die Ostsee. Das hatten wir ganz anders erwartet haben. Circa 40 km fahren wir, bis wir endlich das Einzugsgebiet Danzigs auf den vierspurigen Straßen verlassen haben. Diese Straßen werden von riesigen Baustellen unterbrochen. Dann kommen Passagen von löchrigen "Schweizer Käse Straßen", und es gibt auch gerade fertig gestellten neuen Belag; das erfordert schon höchste Aufmerksamkeit beim Fahren.

Der Campingplatz, den wir ausgesucht haben, entspricht in keiner Weise dem, was wir erwartet haben. Also drehen wir die Runde noch weiter, bis wir in den schönen Ort Leba kommen. Hier gibt es vier Campingplätze, wir entscheiden uns für den Platz 48, Przymorze. Kann sowieso kaum jemand aussprechen, dem die polnischen Sprache nicht vertraut ist. Hier ist es richtig schön. Hundert Meter zu gehen sind es, bis zum weißen Ostseestrand, Fischerhafen im Fußgängerbereich, Städtchen mit Tourismus, aber noch nicht zu ausgeprägt, und im Hafen gibt es Fischlokale, die aneinandergereiht sind und auf Gäste warten. Eigentlich sind es keine wirklichen Lokale. Es sind kleine Kneipen, wo der Fisch direkt vom Kutter in die Pfanne wandert. Das wollen wir morgen testen.

15. Juni

Wir sind also in Leba auf dem Campingplatz Przymorze. Hier stehen wir prima, die Sanitäranlagen sind ganz neu und alles ist gut gepflegt. Da ich den Schmutz am Auto so langsam nicht mehr sehen kann, uns aber auch noch kein Pole begegnet ist, der einfach alles kann, sogar Wohnmobil waschen, machen wir uns an die nicht so schöne Arbeit. Inge ist im Innenbereich vollauf beschäftigt, ich außen. Es gibt Mikrofasertücher in allen Variationen. Da werden wir sicher alles zum Glänzen bringen. Auch der Ostseesand samt seinem Staub, der in allen Ecken des „Casima" verteilt ist, muss weg. Der vergangene Tag hat Spuren hinterlassen. Äste und Zweige haben sich in der Seitenwand verewigt, und deshalb will ich auch noch die Kratzer auspolieren. Teerspuren sind überall sichtbar, sogar auf dem riesigen Heck. Die entferne ich mit dem letzten Rest Butter, den wir noch von zu Hause haben. Das wird Folgen in der Muskulatur haben. Inge warnt mich zwar immer, aber irgendwann muss das ja auch einfach mal sein. Am Nachmittag laufen wir im Ostseesand, damit auch noch weitere Muskeln zum Einsatz kommen, und dann verspeisen wir im Hafen unsern Fisch. Das ist eine Delikatesse. Es stört uns überhaupt nicht, dass wir von Plastiktellern mit Plastikbesteck essen. Selbstverständlich räumen wir auch - wie alle anderen Gäste -unsern Abfall in „die Tonne". Satt und zufrieden laufen wir zurück zu unserer Casima.

16. Juni

In Leba, ist heute <in den Tag hinein leben> angesagt. Ja, ich weiß ja, ich habe zu viel Gymnastik gemacht, und das faule Fleisch macht sich sehr unangenehm bemerkbar. Mir tut einfach alles weh. Zum ersten Mal bin ich nicht mal bereit, den Fotoapparat mitzunehmen. Muskelcreme, Muskelroller, alles kommt zum Einsatz, aber der Einsatz hat sich gelohnt: Unser fahrbares Eigenheim strahlt wie neu.

Wir laufen in das Städtchen, das sich auf die Ferienzeit vorbereitet. Wir erfahren, dass die Schulferien in wenigen Tagen beginnen. Viele der Polen, die wir hier treffen, sprechen weder deutsch, noch englisch. Hier heißt es „ russisch als Fremdsprache". Später erfahren wir warum: Das Schulsystem wird ständig geändert. Die Schüler lernen mal ein Jahr Englisch, mal ein Jahr Französisch dann auch mal Deutsch. So richtig eine Basis finden sie in keiner Sprache, so reicht es dann vielleicht mal zu "BEER", aber „Piwo" haben wir uns auch schon gemerkt. Wir sind gut dran, denn unser Wörterbuch <gibt wenigstens einigen Fischen auch deutsche Namen>, so können wir sogar zuordnen, was da so herrlich auf unserem Teller duftet. Wieder landen wir in einer der Fischküchen am Hafen. Unsere Gaumen werden gekitzelt, und wir sind begeistert von unserem Fischerlebnis

17.Juni

Wir bleiben noch in Leba, denn hier werden <wir Badener von der Sonne verwöhnt>, so wie der badische Wein bei uns zu Hause. Unsere Füße sind in der Ostsee, die ersten Menschen wagen sich richtig mutig ins Wasser, und wir genießen es, durch Wasser und Sand zu laufen. Dann steht es fest: auch Inge braucht jetzt neue Schuhe. Wir haben zwar immer wieder in Schuhgeschäfte geschaut, um die Lösung zu finden. Das war schlichtweg ein Satz mit X, nämlich gar nix. Jetzt müssen die Latschen auch noch bis nach Deutschland durchhalten! Das ist ja nicht mehr sehr lange, denn so langsam neigt sich diese Reise auch wieder dem Ende zu.

18. Juni

Ein Ostsee-Ort, den wir sehen möchten, steht noch auf dem Plan: Mielno ist das nächste Ziel. Also Gasflaschen schließen, Wasser auffüllen und los geht es. Dummerweise nehmen wir eine kurze Strecke, statt der dicken roten Straße. Die dicken roten Straßen sind meist gut, aber es gibt eben viel Verkehr und auch oft Baustellen. Die idyllischen kleineren Straßen haben absolut nichts damit zu tun, was wir aus dem Baltikum von diesen gemütlichen Straßen kennen. Die „Emmentaler Straßen“ haben mehr Löcher als der Käse dieses Namens. Es ist immer wieder ein wirklich schlimmer Straßenzustand. Selbst unsere Ungarnerfahrungen oder der kurze Abstechen nach Rumänien vor ein paar Jahren, werden durchaus übertroffen von den polnischen Landstraßen. Dadurch, dass viele Polen fahren wie die ...., ist volle Konzentration gefragt. Zwischendurch haben wir auch mal ein Auto etwas seltsam im Acker gesehen, das zu viel Grünkraut unter der Stoßstange und in den Radkästen hatte. „Auto klebt an Hauswand“ gab es auch schon, und nur dadurch, dass wir selbst gesehen haben, dass **nicht** wirklich viel passiert ist, mag man es ja auch etwas witzig sehen. Es kurbelt die Wirtschaft an, was kaputt ist, muss eben ersetzt werden.

Wir sind also froh, als wir die große, vierspurige Straße erreichen, die mal wieder den „Tempomaten" zulässt. Wir kaufen noch ein. Feinkost Lidl hat „noch" den Vorzug vor den hiesigen Sklepläden. Welche angenehme Überraschung, dass es ihn auch hier gibt: Das Sonderangebot mit Cremant Brut, Goldmedaille, Jahrgangscremant. Das muss sein jetzt, und auch einen passenden Wein finden wir. Das ist bemerkenswert, weil man in Polen „ Piwo", Bier in allen Variationen bevorzugt. Dann erreichen wir Mielno, wir fahren auf den Campingplatz Rodzinny. Der ist gut, ordentlich und sauber. Das Meer liegt noch näher als in Leba, man riecht es förmlich. Auch hier soll es diesen frischen Fisch geben, und da wir heute Abend einmal Fernsehen eingeplant haben, machen wir uns gleich mal auf die Erkundungstour zur Rybaka, der Fischstraße. An allen Ecken qualmt der Räucherofen, an allen Ecken gibt es aber auch die Fischbratereien. „Fressgässle" könnte man die Straße „badisch" nennen. Der frische Fisch ist auch wirklich fein, vorausgesetzt, man mag dieses Essen.

Abends sehen wir 100 Tage Franziskus, aber auch den Film über die vorherigen Aktionen im Vatikan. Das Buch <Sua Santita> wird von Herrn Nuzzi kommentiert, wir sind fasziniert. Dann gönnen wir uns noch per Fernseher das Open Air Konzert mit Frau Netrebko auf dem Roten Platz in Moskau. Nach unserem Erlebnis in St. Petersburg hat Moskau für uns jetzt ganz andere Bilder parat. Noch haben wir das Gefühl, schon ein kleines Bisschen von der uns bis dahin fremden Welt zu kennen.

19. Juni

Heute will ich das Buch <Sua Santita>, das inzwischen auch mit dem Titel „Seine Heiligkeit“ ins Deutsche übersetzt wurde, weiterlesen. Vatileaks ist unglaublich, wenn es nicht bewiesen wäre. Ich lese Inge ganze Seiten vor, wir müssen die Zahlen und Fakten erst mal erfassen, um sie zu verstehen. Ob der neue Papst Franziskus in seiner römischen Welt nicht fast noch gefährlicher lebt, als er es in den Armenvierteln Argentiniens getan hat? Der „Untergrund“ scheint jedenfalls gleich sumpfig und gefährlich.

Später laufen wir dann in die Stadt Mielno. Es ist recht schön hier, an der einen Seite ist ein großer Süßwassersee, an der anderen Seite die weite Ostsee, in der man inzwischen schon ganz gut baden kann. Wir suchen Bernstein, aber der Traum, das Ostseegold zu finden, der bleibt uns verwehrt. Nächste Woche gehen in Polen die Schulferien los. Immer am 26.6., so wurde uns erzählt, startet "ganz Polen" in die Sommerferien. So werden hier Stände aufgebaut, Kinderbelustigung nimmt „an allen Ecken“ Formen an, Box-Autos, Riesenrad, Tretboot, Eisbuden und „Haribo“, ganze Stände mit „Haribo“.

Wir landen wieder beim Fisch, und die Entscheidung fällt uns schwer, ob wir frisch geräuchert oder frisch gebacken Fisch wählen sollen. Die Entscheidung fällt zugunsten des frischen Steinbutts aus, der uns in Butter zubereitet wird und auf der Zunge zergeht. Da kann man nicht sagen, „aus deutschen Landen frisch auf den Tisch", aus polnischer Ostsee kommen die frischen Fische! Ob die wohl auch hier <Fischers Fritze fischt>, die frischen Fische?

Die Schuhe habe ich in der Hand, weil ich denke, sie sind zu neu für den feinen Sand; Inges Schuhe überleben den Weg nicht mehr wirklich. Wir laufen einen guten Kilometer durch Wasser und weißen Sand. Die Sonne, leider wieder etwas von leichten Schleierwolken beeinträchtigt, färbt das Wasser glitzernd silbrig. Bernstein? Wir schauen und suchen, aber „die Füße im Wasser und das Bier in der Blase" veranlassen uns doch zum schnelleren Heimweg.

20. Juni

Heute soll der letzte Tag an der Ostsee sein. Wir haben uns nun doch intensiv mit unserer Rückfahrt beschäftigt, und sind zu dem Ergebnis gekommen, dass wir morgen bis Warnitz am Oberuckersee fahren wollen. So war heute bei mir <Haare färben> fällig, ein längst überfälliges Thema. Jetzt sitze ich also im neuen Farbenglanz hier. Wir sind noch an der Ostsee gewesen, und wir haben unsere Füße so richtig im Sand trainiert; dann nahmen wir Wechselbäder, sprich rein ins Wasser, raus aus dem Wasser. Auf dem Campingplatz suchen zwei „Dickschiffe", das sind ganz große Reisemobile, mit Kennzeichen MG, Mönchengladbach, ihren Platz. Da ich dort geboren bin, höre ich einfach mal hin. Ich beginne ein <Allerweltsgespräch>. Die Reisenden sind doch echt aus

Rheydt, und so gab es mal ein paar rheinische Töne. Die Leute sind aber nicht so wirklich unsere Wellenlänge, und das muss ja auch nicht sein, nur weil sie aus Mönchengladbach sind. Die Sonne war den ganzen Tag wunderschön, aber am Abend gibt es dann - wie schon vielmals - Schleierwolken, die uns den Sonnenuntergang über dem Meer vermiesen. Egal, ein anderes Mal wieder. Wir genießen noch einen Fisch. Das ist dann der letzte für einige Zeit, der so frisch auf unsern Teller kommt.

Der Abend bietet sich an, noch einige Zeit draußen zu sitzen, den obligatorischen Wodka nach dem Essen zu verzehren, und auch damit ist dann ja dann Schluss. Das sind eben „auch“ Besonderheiten der Reise, aber immerhin hat uns das tägliche Schnäpschen davor bewahrt, die Reiseapotheke einsetzen zu müssen. Vitamin B 1 hat sich mal wieder bewährt, bis auf einzelne Mücken Stiche gab es kein Problem, und dank der konsequenten Substitution von Vitamin D 3 gab es keinerlei Sonnenbrand, obwohl wir auf Sonnencreme verzichtet haben. Allerdings haben wir uns auch nicht "in die Sonne gelegt". Früher führten auch unsere Laufaktionen, besonders bei Inge, oft zu mehr als nur kleinen Rötungen der Haut. Das ist vorbei.

Mit unserer Reise sind wir rundherum zufrieden. Ja, es hat sich gelohnt, die baltischen Länder zu erleben. Unsere Eindrücke werden sicher noch in mancher Hinsicht aufgearbeitet. Jetzt geht es zurück nach Deutschland.

21. Juni

Irgendwie ist jetzt genug mit Polen, wir wollen die Grenze nach Deutschland passieren. Zuerst war die Überlegung, noch eine Nacht in Stagard zu verbringen, aber irgendwie wollen wir uns Polen für eine separate Reise aufsparen.

Nach den üblichen Aufgaben, die morgens erledigt werden, starten wir Richtung Deutschland. An der Grenze geht alles dem „Schengen Abkommen" konform, allerdings wirft der polnische Zöllner einen prüfenden Blick ins Reisemobil. Ich grinse ihn an, sage einfach niemand drin, er meint, dann fahren sie weiter. Die deutsche Polizei sieht uns theoretisch nicht, aber kaum später an der Autobahnabfahrt, die wir Richtung Prenzlau nehmen, da steht alles: Polizei und Zoll in großem Aufgebot! Sie haben einen Blick dafür, wen Sie freundlich auf den Parkplatz winken, um die Autos zu checken. Wir dürfen weiter fahren.

Kaum in Prenzlau angekommen, entdecken wir einen Klamottenladen. Hier spricht man ja deutsch, ganz neue Erfahrung. Wir finden sogar etwas, und ganz spontan, wird es gekauft. Die Marienkirche, ein großer Backsteinbau ist von Gerüsten umgeben. Dennoch kann man die Kirche besichtigen. Auch hier schreckt uns mal wieder der Eintrittspreis. Da klettert man durch die Baustelle, und gleich an einem Seiteneingang steht ein Kassenhäuschen, damit nur niemand einen Blick in die Kirche werfen kann, ohne richtig „zu löhnen". Uns ist die Lust vergangen.

Wir schlendern gemütlich durch die Fußgängerzone. Heute findet hier die kulinarische Tafel statt. Die Gastronomen haben eine lange Tafel durch die Fußgängerzone aufgebaut. Die Gäste sollen heute in besonderer Art bewirtet werden. Wir sind zu früh dran, und warten wollen wir nicht. Wir fahren an den Oberuckersee. In einem kleinen Dorfgasthaus, das witziger Weise "zur deutschen Eiche" heißt, haben wir dann <partiell die Sau verspeist>, die sich genau an selbiger Eiche scheuert. Dazu gibt es ein gutes Bier, Hausbräu, das sogar Inge schmeckte, und danach lassen wir uns von einem wunderschönen Sonnenuntergang über dem See verwöhnen.

22. Juni

Wir fahren gemütlich nach Dresden. Es sind keine Lastwagen unterwegs, und Inge hat die Frauenkirche noch nicht fertig renoviert gesehen. Ich war mit meinem Sohn Rolf einmal dort. Zur Abwechslung gehen wir mal auf einen Stellplatz. Bei Schaffer, Wohnmobilhändler, Vermieter und Werkstatt, gibt es einen Stellplatz, der einem Campingplatz gleicht. Dazu sind der Bus und die Straßenbahn vor der Tür, Brötchenservice gibt es auch, sogar am Sonntag, es ist alles mehr als zufriedenstellend.

Ein Spaziergang in den „Elbepark“, ein Geschäftszentrum mit nicht weniger als 180 Geschäften, steht an. Irgendwie dachte ich ja, meine Haare seien gut geschnitten, aber so langsam franst das Ganze an allen Ecken aus. Ich finde einen Frisör. Hm, wir sind auf Reisen, und das schon lange. Meine Haare sollten nachgeschnitten werden. Ja, in einer Viertelstunde, dann geht es. Die nette Frisörin schaut meine Haare an und meint verständnisvoll, wenn man so lange auf Reisen ist, dann ist es ja klar, dass man die Haare mal selbst schneidet. Dankäääääää!! Ich habe dann gesagt, hoffentlich muss ich nicht nächstens nach Dresden fahren, weil es niemand sonst zu meiner Zufriedenheit macht. Heute ist alles gut, aber mal sehen, wie es in zwei Wochen aussieht. Dann sehen wir wieder Kleidung, und mir „läuft gerade noch eine Bluse über den Weg", die mit möchte, Inge findet ein Top, klasse, wir wollten sowieso mal nach Karlsruhe zum Shoppen, aber das hat sich jetzt schon erledigt. Es folgt ein gemütlicher Abend in der Casima, denn morgen wollen wir ausführlich Dresden besuchen.

23. Juni

Wir starten in den Tag mit einem Frühstück mit frischen Roggenbrötchen. Das war wirklich seit April nicht mehr! Das Frühstück ist sowieso unser guter Start in den Tag. Wie wird das Wetter????? Regen oder kein Regen? Wir sind optimistisch und erwarten keinen Regen. Die moderne Straßenbahn bringt uns in zwanzig Minuten in die Innenstadt. Theaterplatz, nein, wir sind nicht beim Monopoly, sondern wir sind direkt vor der Semperoper. Wir erinnern uns: Unsere ersten Karten für die Semperoper hatten wir im Dezember 1989. Das war der erste erreichbare Striezel-Markt nach der Wende, und wir fuhren mit dem Nachtzug nach Dresden. Die Karten für die Oper bekamen wir auf dem Schwarzmarkt, und am Abend wurden sie vor der Oper noch einmal gegen bessere Plätze getauscht. Im Schneefall erwarteten uns adventliche Blechbläser nach dem Opernerlebnis auf dem Platz. Erinnerungen werden wach.

Der nächste Opernbesuch, da hat uns die Regie des Maskenballs nicht so gefallen, aber wir waren auf der riesigen Baustelle der Frauenkirche, erlebten Herrn Güttler mit seinen Bläsern, die Stadt, die Kreuzkirche, immer wieder eindrucksvoll. Jetzt stehen wir also wieder da, die Elbe hat sich nach dem neuerlichen Hochwasser beruhigt, und die Sonne verwöhnt uns mit ihren warmen Strahlen. Die Toristeninformation ist in einem Teil es Zwingers. Dort haben wir unsere Opernkarten beim zweiten Opernerlebnis abgeholt. Was gibt's denn heute????? Ah, heute ist Manon Lescaut von Puccini. Ob es wohl noch Karten gibt? Sollen wir fragen…---? Fragen kann man ja. Es gibt noch Karten, und just in diesem Moment sind zwei Karten für die Königsloge zurückgegeben worden. Wir schauen uns an, es ist so zwischen heiß geworden. Herzklopfen bei Inge und Tränen in den Augen bei mir. Wir lassen uns noch einen Einblick in das Bühnenbild geben, dann steht fest: Heute Abend ist unser dritter Besuch in der Semperoper. Wir werden in der Königsloge sitzen! So ganz kapiert haben wir das noch nicht, wir müssen das erst mal realisieren. Wir machen noch den kurzen Weg zur Frauenkirche und zum Dom. Im Dom zünden wir das versprochene Kerzchen vom 13. Juni an.

Mit der Straßenbahn fahren wir zurück zu unserer Casima, um uns auf dieses abendliche Erlebnis vorzubereiten. Ich schlafe noch ein Stündchen, dann geht es wieder los. Unsere Nachbarn sehen uns festlich gekleidet, wünschen uns schönen Abend, und das werden wir haben, mehr als das. Nach der uns begeisternden Opernaufführung sitzen wir noch in einem Gartenlokal, der Blick ist auf die Oper und den Dom gerichtet. Für diesen Besuch ist Dresden nicht mehr zu übertreffen. Da muss man am nächsten Tag wegfahren, der Kopf hat keinen Platz mehr für mehr Dresden. Das gibt dann irgendwann eine andere Tour. Wir lassen den Abend im wahrsten Sinne des Wortes ausklingen, die Musik klingt nach, das Erlebnis ist noch mehr Musik: wie hat uns die freundliche Dame zu unseren Plätzen geleitet, wie umfasste uns die Musik in dieser Loge, wie konnten unsere Blicke schweifen, ohne überhaupt alles aufnehmen zu können. Die Pracht des Opernhauses, die Darbietung, das Orchester, in der Pause der Blick auf den sonnengefluteten Turm des Domes, dann Richtung Elbterrasse, eine ganz besondere Freude. All das klingt nach, ein Abend der ganz besonderen Eindrücke, der sicher in ganz besonderer Weise in Erinnerung bleibt.

24. Juni

Wir können uns von den "sozialistischen" Straßen noch nicht trennen, also rein in das fünfte Land unserer Reise: Wir fahren einige Kilometer durch Tschechien. Tanken ist angeblich günstiger, scheint auch so zu sein, dann gibt es auch Mineralwasserflaschen ohne Pfand, was heute sehr hilfreich für uns ist. Ein Fähnchen, tschechische Nationalflagge wollen wir noch für unsere Sammlung. Das gibt es aber leider nicht. Das Internet wird Abhilfe schaffen. Endlich fahren wir einmal wieder eine „richtig tolle Nationalstraße“. Sie führt eng und schmal, serpentinenartig durch den Wald. Wie schon in den andern Ländern, sollen die größten Löcher nach Möglichkeit mitten unter das Auto. Dann allerdings fährt man auch mitten auf der Straße. Zum Glück bringt uns diese Situation wieder zu einer wirklichen Lachsalve, denn schon die ersten Kilometer, die wir in Brandenburg wieder auf bundesdeutschen Straßen zurücklegten, erinnerten doch sehr an die ehemalige DDR, oder auch an Polen. Beides ist ja auch nicht weit entfernt. Jetzt erleben wir das in Tschechien.

Wir tanken in Franzensbad, ein "Bravo Seniorenkurort", wo die Hauszeitschrift sicher die Apothekenumschau ist. Das Angebot an chinesischen Luxusgütern wie T-Shirts mit persönlichem Aufdruck, wie: <ich bin der Hellste und trinke Helles>, echtes Chinaporzellan aus Tschechien, dazu der große Parkplatz vor der Ladenmeile, damit der Einkauf auch lohnt. Plagiate über Plagiate, egal, ob Nike oder Adidas, oder „echte Handtaschen“. Dann sieht man die stolzen männlichen Eroberer, die strahlend ihre leopardenähnlich gekleideten Kurschatten durch die Gegend ziehen.

Fiat zieh an, nix wie weg hier! Wir übernachten in Fichtelberg. Das ist ein Sole-Radonkurbad, und es soll uns nochmal den richtigen Kick geben.

Wie hieß doch das Kinderlied: Maikäfer flieg....., Pommernland ist abgebrannt.... Beides haben wir gesehen: Maikäfer in Lettland, ich kannte sie ja kaum noch, tote Maikäfer in großer Anzahl am Ostseestrand in Polen, und Pommernland ist ganz und gar nicht abgebrannt, sondern wirklich auferstanden aus Ruinen, aber unser Radon Solebad ist abgebrannt. Der Campingplatz mit fünf Sternen beherbergt „richtig feine Leute“. Die sind zum Teil so fein, dass sie sich vor sich selbst verneigen.

25. Juni

Eine dieser superfeinen Tanten sprühte heute Morgen mit gespreizten, edel "„beringten“" Fingern und gerümpfter Nase Schuhe ein. <Igitt, Regen, nicht doch>

Ich konnte nicht anders, ich wünschte ihr einen wunderschönen guten Morgen, dabei lachte ich bis an die Ohren. Die hat sich "gefreut" und Inge wusste gleich, wen ich so überschwänglich begrüßt habe. Wir lachen noch beim Lesen des Textes. Also ganz klar, wir fahren gleich heute die nächste Etappe.

So gegen acht Uhr beginnt leichter Nieselregen. Alles ist steigerungsfähig. Im Radio hören wir, dass in Litauen über 80 Liter Regen pro qm gefallen sind. Heute ist also Schluss mit den Dreiviertelhosen. Die Außentemperatur hat sich pünktlich zum Sommeranfang auf neun Grad gesenkt. Jeans, Pullover und Socken sind angesagt.

Dann gehen die Telefonate über Skype hin und her: Unsere australischen Freunde, die Ende Juli zu Besuch kommen, fragen, was denn bei uns los ist, so mit Flut und großem Regen - im Gegenzug fragen wir, habt ihr denn schon die fast alljährlichen Brände in New South Wales? Zum ersten Mal auf der Reise ziehe ich meine richtig wasserfeste Regenjacke an, um Kabel wegzuräumen. Wir fahren weiter nach Westen, dort soll es wieder besser werden.

26. Juni

Ochsenfurt, Campingplatz Frickenhausen, das ist unser heutiges Ziel. Den Regen haben wir bald hinter uns gelassen, denn getreu unserer bisherigen Fahrt, fahren wir in die Richtung, die wir als <schöneres Wetter> bezeichnen. Wir nehmen einige Kilometer Autobahn, aber dann reicht es. Wir fahren über Land. Inge entdeckt eine alte Zisterzienserabtei. Die sollten wir anschauen. Der Ort heißt Ebrach. Er liegt im Steigerwald, an der alten Poststraße von Bamberg nach Würzburg. Die Abtei war das erste rechtsrheinische Zisterzienserkloster in Deutschland und überhaupt wahrscheinlich erst das dritte Zisterzienserkloster in Deutschland. Es wurde 1127 gegründet. Wir hatten niemals vorher davon gehört! Auf der Strecke gibt es eine riesige Baustelle, so dass wir eine Umleitung fahren müssen. Wir sind irgendwo auf den herrlichen Höhen des Steigerwalds, und dann fällt auch noch unser GPS komplett aus. Dennoch finden wir zur Abtei Ebrach. Das ganze Klostergebäude ist jetzt JVA, ja richtig Jugendvollzugsanstalt. Wir kommen in die Kirche, eine Kirche, die für uns absolutes „Seelenfutter" ist. Wir sind wirklich tief beeindruckt, die Orgeln, und dann aber auch die lebendige Pfarrei. Große Zweige, die von den Besuchern mit Wunschblättern verziert werden, Tonscherben, die man vor ein kleines Kreuz legen kann, um die Scherben des eigenen Lebens anzuschauen, vielleicht auch zu beseitigen, einen Raum der Stille und die Klagemauer: Ein Holzstoß, wo man seine ureigenen Gedanken, die niemand sonst lesen soll, auf Papier geschrieben zwischen den Holzscheiten deponieren kann. Die Pfarrei verpflichtet sich, diese dann irgendwann ungelesen zu verbrennen. Zwischen den Orgelpfeifen leuchtet eine Rosette; deren Farben herrlich erstrahlen. Die ganze Kirche ist ein

Raum der Erquickung für die Seele. Nach diesem Luftholen, Atemholen und Seelenbalsam, fahren wir nach Ochsenfurt.

Wir parken unser Auto millimetergenau ein. Dann wollen wir den Ort anschauen. Der Regen hat sich fast verzogen, nur hier und da mal ein paar Spritzer. So können wir gut etwa einen Kilometer über die Mainbrücke in den Ort laufen. Spargel mit neuen Kartoffeln, das haben wir schon seit drei Jahren nicht mehr gehabt, weil wir immer im Frühjahr auf Achse sind. Das ist doch heute prima, ein richtig schönes Spargelessen. Wir genießen es; es gibt einen fränkischen Riesling dazu und neue Kartoffeln. Das erfreut unser leibliches Wohlbefinden. Der Weg zurück zum Campingplatz wird unser „Verdauungsspaziergang" sein. Wir müssen eine sehr große Fahrstraße überqueren. <Upps>, da ist ja eine Fußgängerbrücke, die nehmen wir. Wir wissen jetzt und hier noch nicht, dass uns der Lacher des Tages bevorsteht. Die Straße ist überquert, und der Fußgängerweg führt auf den Schulhof. Da muss es weiter gehen. Wir laufen über den Schulhof, irgendwo muss doch der Ausgang sein. Wir sehen das Törchen, aber was ist das???? Abgeschlossen!!!! Und was machen wir jetzt? 1,2,3 und schon haben wir beide - unter unserem eigenen schallenden Gelächter - das Mäuerchen, das gleich neben dem Törchen ist, überquert, jaaa, wir sind ganz einfach über die Mauer geklettert. Schüler dürfen das sicher nicht, aber wir hatten absolut keine Lust den ganzen Weg zurück zu gehen. Es war klasse, der Tag, die Fahrt, die Erlebnisse, und zum Abschluss grüßt uns die Sonne goldgelb über dem Main.

27. Juni

Heute sind wir fast 100 km mehr gefahren als geplant. Auf der Autobahn war es nicht bequem zu fahren. So sind wir quer über den Nordschwarzwald gefahren, und das erschien unendlich weit. Dennoch sind wir guten Mutes auf dem Campingplatz in Willstätt gelandet. Das war jetzt nur Mittel zum Zweck, denn wir wollen morgen noch zu Bürstner, um dann am Nachmittag zu Hause anzukommen. Der Campingplatz ist auch nicht besonders erwähnenswert, sicher wäre Kehl schöner gewesen.

28. Juni

Die fleißigen Monteure haben unsere „lockeren Schrauben", die der Möbel im Auto, befestigt. Die Tür der Dusche hält wieder und wir sind am Nachmittag zu Hause, gut zu Hause angekommen

Campingplatz Ventainé an der Kurischen Nehrung

Epilog:

In Ventainé an der kurischen Nehrung begann unsere „Er-fahrung" des Baltikums.

Jetzt haben Sie uns über fünftausend Kilometer begleitet. Es war wunderschön, richtig toll von „A-Z"! An vielen unserer Eindrücke konnten Sie teilhaben. Ganz wichtig ist für mich, Ihnen wirklich auch in diesem Buch wieder zu vermitteln, dass solche Erlebnisse nur möglich sind, wenn man sich auf den Weg macht. Manchmal ist der Weg schon das Ziel, Ziele kann man jeden Tag neu definieren. Wir haben noch viele Ziele in unserer Wunschkiste und hoffen sehr, dass wir sie realisieren können.

Sie können uns gern wieder begleiten, wenn das nächste Buch die Tour durch die Highlands beschreibt.

Wir werden oft gefragt, ob wir keine Angst haben?? Nein, das haben wir nicht. Wir sind vorsichtig, wir übernachten nur auf Campingplätzen, und passieren kann überall etwas, auch im heimischen Freiburg. Dort wurden wir sogar wirklich schon beklaut. Wir freuen uns an den schönen Dingen, und wir genießen den Tag.

In diesem Sinne wünschen wir, Inge und ich, allen Lesern eine froh machende Zeit mit wunderbaren Zielen, wie immer Sie persönlich diese Ziele definieren werden.

März 2015

Marianne Müller + Inge Weber

Der Weg,
der zum nächsten Ziel führt!

Rentiere
in Litauen

Zeitfracht Medien GmbH
Ferdinand-Jühlke-Straße 7
99095 Erfurt, Deutschland
produktsicherheit@kolibri360.de